On n'est pas sérieux quand on a 60 ans

Madeleine Melquiond

On n'est pas sérieux quand on a 60 ans

Max Milo
Essais-Documents

Collection Essais-Documents, Paris, 2013
www.maxmilo.com
ISBN : 978-2-315-00381-5

À Clémence Borin

Avant-propos

L'âge de la vie compris entre 60 et 70 ans est paradoxal dans nos sociétés occidentales modernes. Les clivages de classe y perdurent en dépit du discours dominant, marqué par le cliché selon lequel les sexagénaires seraient tous riches, beaux et en forme. En réalité, nous sommes devenus adultes à la fin des années prospères de l'après-guerre, dites les « Trente Glorieuses », et si nous n'avons pas connu la fin de l'État providence, nous en avons vécu les premiers délitements. Nos retraites reproduisent les mêmes écarts que ceux qui affectent le corps social.

Ce cliché même est contradictoire. À côté de l'assertion selon laquelle nous serions une génération privilégiée dans tous les sens du terme (santé, beauté, fortune), nous sommes jugés comme attardés dans un idéalisme poussif et déjà amoindris par des déficiences physiques et cérébrales que nous chercherions à masquer de façon grotesque.

À ces clichés, des « conseilleurs » de tout poil (qui contribuent à les créer et les alimenter) proposent des remèdes miracles, un *ready-made*, censé à la fois nous protéger du ridicule, nous maintenir en état de jeunesse statique, nous faire vivre « à plein » et « jouir » de notre soixantaine. D'un côté, des précautions à prendre pour ne pas nous détériorer ; de l'autre des « activités » pour vivre

« intensément » cette « nouvelle étape » de la vie par le double biais du divertissement et de l'altruisme, cet aspect jouant sur notre présumée culpabilité d'enfants de 68, frondeurs, gâtés et irresponsables. Ces coachs, pour leur attribuer un vocable à la mode, nous préparent aussi à l'âge plus avancé, en nous invitant à un examen de conscience, voire à une conversion spirituelle. J'ai intitulé cette partie : « Fais ceci, fais pas ça ».

J'ai une expérience de la soixantaine quelque peu éloignée des clichés – que j'illustre cependant à mon corps défendant – et je suis réfractaire aux conseils de nos mentors – auxquels je me soumets parfois en maugréant. Dans mon entourage, je constate que nombre de mes amis subissent, non sans étonnement, mais non sans humour, ces idées toutes faites et ces injonctions tapageuses.

Il n'est sans doute pas inutile de faire entendre une autre musique.

LES CLICHÉS

Chapitre I

Tous jeunes, riches et en pleine forme !

1945 : fin de la guerre. La natalité s'installe au beau fixe. C'est le début du baby-boom. Enfants choyés de la victoire, nous posons, parfumés au savon Cadum, pour la photo Kodak. Des lois sociales progressistes, combinées au besoin de main-d'œuvre dans un pays dévasté, ouvrent la voie au plein emploi. De nombreuses familles accèdent à une vie confortable, dont les arts ménagers sont le symbole. Cette heureuse fortune se poursuit pendant trente années, les Trente Glorieuses, bien que d'aucuns prétendent que l'expression vient du lait Gloria, base de nos biberons. Grâce à Ovomaltine et Phosphatine, nous devenons des enfants vigoureux. Nous entrons au lycée. Nous voilà bacheliers. Nous accédons en masse à l'université. Les vieux murs des amphis, calibrés pour une élite, craquent sous la poussée de nos jeunes intelligences.

Nos parents connaissent le désordre de la guerre et le prix de la paix. Ce sont donc des gens à principes. Ils nous serinent que nous devons profiter de la chance qui nous est donnée en étant sérieux et travailleurs, donc chastes avant le mariage. Hélas, n'ayant rien connu des rigueurs de l'Occupation, nous avons l'esprit insouciant et frondeur. Nous lançons le signal de la révolte après qu'on avait interdit aux garçons, en mars 1968, d'aller dormir chez les filles (et réciproquement) à la cité universitaire de Nanterre. Par effet boule de neige, le mouvement se généralise : c'est Mai 68. Une baise générale. Notre effervescence juvénile dure jusqu'à ce que Grand-père de Gaulle menace de donner du canon et rassemble tous nos parents place de la Concorde avec des drapeaux tricolores. Notre révolution est remisée au placard des utopies...

Pendant cet âge d'or, nous n'avons connu ni guerre, ni famine, ni catastrophe d'ampleur (en France s'entend). Nous avons travaillé dans un contexte économique porteur qui nous assure aujourd'hui des retraites confortables. Embourgeoisés, nous participons aussi de ce que certains sociologues appellent la « gentrification ». Nous avons acheté, non des quartiers de noblesse comme le mot pourrait le faire accroire, mais des logements qui valent aujourd'hui une fortune. C'est quand même honteux de voir les vieux se goberger, alors que la jeunesse va de CDD en CDD...

Après avoir eu le bras tatoué au BCG et passé une radio des poumons annuelle, nous avons, par ailleurs, bénéficié au maximum des progrès spectaculaires de la médecine et de la chirurgie. Exit variole, tuberculose, et autres maladies infectieuses. Jugulés ou pontés, les accidents cardiaques. On terrasse un cancer sur deux. Le sida, d'apparition plus récente, a exigé un lourd tribut, mais les malades vivent plus longtemps, merci à tous les donateurs. Le séquençage du génome humain ouvre des perspectives inouïes. Nous avons de sérieuses raisons d'espérer que la démence sénile (ou maladie d'Alzheimer) sera vaincue. L'espérance de vie grimpe à 84,5 ans pour les femmes et 77,6 ans pour les hommes. Souffler ses 100 bougies devient une banalité : 17 087 gâteaux en 2012 ! Elle est pas belle, la vie ?

Pour écrire cette légende dorée, il aura fallu mettre de côté quelques menus faits. Oubliées les guerres de Corée, d'Indochine et d'Algérie qui ont fauché bon nombre de conscrits ; volatilisée, la grève générale qui, en mai et juin 68, a paralysé le pays davantage que les barricades du boulevard Saint-Michel ; oblitéré, le choc pétrolier de 1974, point de départ de restructurations, délocalisations et autres aventures industrialo-financières à l'échelle mondiale ; escamotés dans la foulée, les plans sociaux qui ont condamné aux préretraites des hommes et des femmes de 50 ans, aboutissant à cette étonnante statistique : aujourd'hui encore, l'âge moyen du départ à la retraite n'est que de 59 ans, alors que d'aucuns s'insurgent qu'on puisse « ramener » l'âge légal à 60 ans.

Notre bonne fortune fait rire jaune les jeunes. Comment affronter ce tsunami de retraités ? Comment maintenir l'équilibre des comptes sociaux, qui plus est en pleine crise ? Dès 1962, le rapport Laroque annonçait l'irruption des enfants de l'après-guerre dans le paysage social. En 1989 paraissait à Los Angeles *Age Wave*, un des livres fondateurs sur le vieillissement de la population dans les pays industrialisés.

En réalité, notre prétendu embourgeoisement (ou sa variante hypocrite, la « boboïsation ») ne concerne qu'une mince couche sociale. Les confortables retraites existent, mais pas pour tous. Six cent mille personnes, surtout des femmes seules, vivent « grâce » à l'Allocation de solidarité pour les personnes âgées (ASPA) qui s'élève à 777 euros par mois au 1er avril 2012. La retraite moyenne culmine à 1 200 euros. Un tiers des femmes travaillent jusqu'à 65 ans pour rattraper les lacunes de cotisation dues à des carrières discontinues. Elles touchent 825 euros en moyenne. Les hommes, 1 426 euros. Inégalité entre les sexes, même dans le dénuement !

Notre « excellente » santé souffre de quelques accrocs. Entre 60 et 70 ans, des affections considérées comme bénignes, mais très gênantes, nous assaillent. Nos dents réclament, à grands grincements, des soins lourds, pivots ou prothèses. Notre vue change, nous contraignant à nous doter de lunettes aux verres complexes, très chères, malgré le bon monsieur Afflelou. Notre squelette craque. L'ostéoporose et l'arthrose nous font claudiquer, les rhumatismes nous obsèdent. Lorsque nous tombons, c'est la fracture. Nous voici à l'âge des rendez-vous de kinésithérapie et d'ostéopathie, des cures thermales, des opérations en service d'orthopédie. Nos vertèbres fatiguées pincent des nerfs en des points critiques, inatteignables. Sciatiques, lombalgies, lumbagos, cruralgies, cervicales coincées, voici le temps venu des « aïe, aïe, aïe, ma mère, mais qu'est ce que j'ai fait au Bon Dieu pour en arriver là ».

Une étude de l'Institut national d'études démographiques (INED) sonne l'alarme en 2011. Elle décèle « des tendances moins favorables que par le passé » sur notre état de santé et assure que « les limitations fonctionnelles et sensorielles touchent plus de sept personnes sur dix à partir de 65 ans et une personne sur deux à partir de 50 ans ». Et de préciser que « les limitations cognitives ne sont pas très fréquentes mais elles sont visibles avant 60 ans, pour les hommes comme pour les femmes ». Résultat : « Ces signes indiquent qu'il sera difficile pour certains d'augmenter leur niveau global d'activité, en particulier les plus pauvres, car les inégalités sociales sont très marquées dans les chances d'atteindre l'âge de 65 ans en bonne santé ».

Mon amie Mado a deux ans de moins que moi. Vous ne le remarquez pas, mais je marche toujours à sa gauche.

Elle manque d'équilibre. Problème d'oreille interne. Marie-Christine a la maladie du vitré, une affection des yeux, en partie héréditaire, qui se déclare avec l'âge. Elle vit dans la pénombre, ne doit jamais regarder le soleil en face. Catherine fut ma rédactrice en chef lorsque je collaborais au journal du ministère du Tourisme. Enfant, jeune femme, elle avait beaucoup joué au piano, atteint un niveau quasi professionnel. Son vœu de reprendre la musique à la retraite ne sera pas exaucé : elle a de l'arthrose aux mains. Annie voudrait bien aller à la chorale, mais elle n'entend plus. « Ne plus entendre » est un raccourci pour signifier que l'on a une foultitude de sons parasites dans l'oreille, tantôt les graves, tantôt les aigus, en sorte que les audioprothésistes s'arrachent les oreilles pour apporter une bonne correction. Il paraît que les aides auditives progressent à pas de géant. C'est une bonne nouvelle, car le nombre de porteurs d'appareils a doublé entre 2000 et 2011, passant de 250 000 à 500 000.

Arlette, la « petite Arlette » comme nous disions à l'école, a eu un cancer du sein. Guéri ! Bien sûr, comme la plupart des cancers du sein, alors de quoi se plaint-on ? La merveilleuse chirurgie réparatrice a même remodelé un sein à Arlette, qui ne fait pourtant pas partie de la tribu des amazones. Pour fabriquer ce sein, on a tiré des muscles du dos et du bras. Elle en a un plus court que l'autre, tout tuméfié. Elle porte des tuniques à manches larges. Il paraît que l'on n'opère plus ainsi, Arlette a été heureuse de l'apprendre.

Et Bernadette, qui ne vivait que pour le cheval ? Elle a du diabète. Pas question de tomber du canasson pour cause d'hypoglycémie. Elle a vendu sa monture. De toute façon, elle était vieille (la jument). Positivons. Notre « pleine forme » est présentée comme une évidence, alors que c'est une vérité arrangée, pour ne pas dire un mensonge.

Faisons semblant, donc, fardons les joues, cachons les cicatrices, minimisons. Comment, une sexagénaire qui se plaint ! Quelle indécence !... Cette génération dorlotée, si bien soignée, qui n'a manqué de rien, et patati et patata.

Quant à notre espérance de vie, les chiffres spectaculaires souvent cités ont un défaut de taille, au propre comme au figuré. Ils excluent la mortalité dite « prématurée ». Avant 65 ans, 35,9 % de la population a été emportée par des tumeurs, 15,9 % par des accidents circulatoires. Disparitions et deuils frappent à notre porte. Ce ne sont plus des exceptions ou des accidents, comme lorsque nous étions plus jeunes, mais des événements fréquents, trop fréquents.

Prenons de la hauteur. Osons le sacrilège ! Passons au crible du doute scientifique l'infaillibilité des projections communément admises sur la durée de la vie. Regardons, par exemple, un peu plus loin que le bout de notre nez, c'est-à-dire au-delà de l'Hexagone. L'espérance de vie s'est mise au point mort en 2008 aux États-Unis pour la première fois depuis l'après-guerre. En cause, outre un système de santé inégalitaire, les maladies entraînées par l'obésité et le tabac. La Russie a perdu cinq ans d'espérance de vie après la chute du mur de Berlin à cause d'une cure brutale de libéralisme. Elle n'est pas remise de cette chute, en dépit d'un léger mieux.

Il ne s'agit pas de jouer l'optimisme contre le pessimisme, la confiance contre le scepticisme ou vice versa, mais plutôt de demander, avec Jacques Vallin et France Meslé, dans la revue *Populations* : « Peut-on gagner trois mois indéfiniment ? » Parmi les doutes qu'ils formulent : « Est-on dans une nouvelle transition sanitaire due aux soins apportés au grand âge ? » La thérapie génique et la chirurgie réparatrice vont dans ce sens, concèdent-ils, mais « les changements politiques, économiques et sociaux qui permettraient d'en distribuer les bénéfices à tous seront-ils au rendez-vous ? »

À côté de la démographie pure et dure, une nouvelle génération de chercheurs préfère, pour aborder le vieillissement, s'appuyer sur l'anthropologie biologique qui « met en relation les évolutions des différentes parties du corps dans le temps et leurs pathologies, avec ses activités professionnelles, sociales et personnelles, son environnement physique, son niveau économique et culturel et les représentations sociales », selon la définition de Nicole Chapuis-Lucciani, directeur de recherche au CNRS.

L'image d'Épinal de sexagénaires riches, en forme et en bonne santé en prend un sacré coup. Un aréopage d'experts peu scrupuleux, de journalistes désinvoltes et autres chroniqueurs font mine de croire à cette fable afin de nous imposer une discipline de fer, mélange d'hygiénisme et d'injonctions morales, doctrine officielle de la République depuis le lancement du Plan national Bien vieillir (2007-2009). Formée, au début, d'un adverbe et d'un verbe, l'expression a acquis, par glissements progressifs, la majesté d'un substantif, le « bienvieillir ». Malgré sa qualité de néologisme qui devrait lui donner de l'élan, le terme s'est déjà figé en un corpus de normes plus stupides qu'un règlement de gendarmerie. Il faut se méfier des règles obtuses. Dans l'armée, elles concourent à la cohésion. Dans le cas qui nous occupe, à ce que nous ne coûtions pas cher.

Mais j'anticipe. Ce n'est que petit à petit que j'ai découvert l'envers du décor : notre fragilité physique niée par la doctrine officielle, nos soucis d'argent qui rencontrent des oreilles incrédules, l'alternance des jours où l'on nous flatte et de ceux où l'on nous morigène, des matins où nous croyons avoir 20 ans et de ceux où le grand âge semble déjà nous happer.

Loués soient Gloria, Ovomaltine, Phosphatine, la Sorbonne, Mai 68 et même les plans sociaux et la retraite anticipée ! J'ai encore le dos assez solide et l'esprit assez délié pour prendre tout ça avec l'humour qui convient. Les chroniqueurs en seront pour leurs frais. Enfin, presque. Je tombe parfois dans leur panneau, car j'ai gardé un fond de naïveté (je n'ai pas connu les rigueurs de la guerre, reprendre au début, SVP).

Voici donc la véridique histoire de mes péripéties et de celles de moult de mes compagnons dans la contrée de Sexagénie et des découvertes surprenantes que nous y faisons.

Chapitre II

La retraite à 60 ans

Hier, sur les transatlantiques, une pluie de feux d'artifice illuminait le passage de la Ligne. Le champagne fusait. L'orchestre jouait du fox-trot et du mambo. Aujourd'hui, le voyageur suit d'un œil blasé la silhouette miniature d'un avion sur la carte de vol. Sans crier gare, elle se pose comme une mouche sur le trait qui sépare les deux hémisphères. Nul ne s'en avise, sauf si un commandant de bord un peu poète fait tousser son micro pour annoncer, de sa voix de basse rassurante, que « notre appareil vient de franchir l'Équateur ».

Il en est ainsi du fameux passage à la retraite à 60 ans dont nous serions les bénéficiaires. Cette « ligne » est devenue mouvante depuis la réforme de 2003, qui a pour effet de prolonger d'un trimestre par an la durée légale de cotisation des salariés, donc celle de certains sexas. En sus – mais cela ne fait pas partie du mythe –, les départs étaient déjà échelonnés, puisque les « régimes » des commerçants, artisans, agriculteurs, travailleurs indépendants et de quelques autres professions, prévoient la cessation de leur activité à 65, voire 67 ans. Prétexte pour ces derniers de fulminer contre les « privilèges » des salariés. Sauf que les départs en préretraite dus à de multiples plans sociaux ourdis à partir du premier choc pétrolier ajoutent au brouillage, quand ce ne sont pas des licenciements secs de quinquagénaires qui ne retrouvent pas d'emploi.

Pas étonnant, dans ces conditions, que le départ de l'entreprise ne se fasse plus, comme autrefois (ou comme, peut-être, dans l'imaginaire collectif), avec tambours et trompettes.

Lorsque j'ai liquidé ma retraite, il ne s'est rien passé. J'avais trouvé un chemin de traverse, le statut de micro-entrepreneur, compatible avec une activité en dessous d'un certain plafond de chiffre d'affaires, sans « décote » qui mieux est. Ce choix m'a permis de réduire mon activité en douceur tout en touchant ma pension. Cas de figure très favorable, je l'avoue ! Ce cumul est une sucrerie que la loi accorde à ceux qui veulent bien travailler après l'âge légal.

Curieux langage, non ? Ces mots *pension, liquider, cote, décote, taux plein, cumul.* Du pur grimoire de notaire ou d'assureur. Vous devrez vous immerger dans ce vocabulaire lorsque vous préparerez votre retraite, si ce n'est fait. C'est un dictionnaire désuet où *toucher* ne veut pas dire « palper des billets », mais « recevoir un virement bancaire », où *régime* désigne les modalités de cotisation et de départ d'une catégorie professionnelle, où *cote* et *décote* signifient un pourcentage en plus ou en moins par rapport au régime de base et où *cumuler* n'a rien d'infamant. Monde étonnant qui a, pour moi, un goût de pastille Vichy (à cause du régime). Lorsque je lis « pension », « pour retraite », je songe à quelque cure thermale à petit prix. Peut-être à cause de l'eau de Vichy. Ou des pensions de famille.

Mais laissons là pastilles, sucreries et fioritures. Il est vrai que beaucoup de salariés de mon âge ont pris (quelle avidité dans le verbe, soudain !) leur retraite à 60 ans pile. Un veinard de cette espèce, dont les jeunes parlent avec convoitise, aura organisé un pot de départ dans la salle de réunion C 38, écouté – ému comme un gosse à la distribution des prix – le discours louangeur de son chef/supérieur/boss/manager/patron, auquel il aura répondu par un mot aimable, quoique truffé de piques bien dosées. Ses collègues se seront cotisés pour lui offrir un cadeau. Une raquette de tennis ou des clubs de golf pour un homme, un bijou, un foulard, un livre (*La Retraite heureuse*) ou un kit de jardinage pour une femme.

Le lendemain, il ou elle aura ouvert les yeux, étonné (tiens, le réveil n'a pas sonné ?), et cru qu'il était en vacances. Une impression d'euphorie sans pareil l'aura envahi quand il aura compris que plus jamais, jusqu'à… enfin, pour très longtemps.

Désireux d'en profiter à bloc, notre homme, hier en costume-cravate, aujourd'hui en bermuda-polo, part en croisière, direction l'île Coconut (*Coconut Island*). Informé de son anniversaire, le capitaine l'invite à sa table. Au dessert, les serveurs apportent un gâteau où sont allumées soixante bougies. Il les souffle tandis que le capitaine porte un toast : « À votre nouvelle jeunesse, monsieur Benoît ! » Transposez au féminin pour une dame, en remplaçant le costume par un tailleur, le bermuda par un bermuda.

« Nouvelle jeunesse. » Ce n'est pas qu'un propos de table. Allez en librairie et vous verrez des bouquins aux titres sans équivoque : *La vie commence à la retraite, La Retraite, un nouveau départ, Enfin la vraie vie !* Ne serait-il pas moins ronflant, mais plus exact de parler de nouvelle étape dans la continuité de la vie ? Le sociologue Bernard Arcand remarque : « La vieillesse est une section de vie qui n'a de sens qu'en relation avec ce qui précède. Le troisième âge prendra son sens par rapport aux autres âges de la vie et le traitement réservé à la vieillesse doit être cohérent avec ce que la société définit comme l'enfance et l'âge adulte. » Il parle d'or, cet homme, mais on ne l'écoute guère…

Mais ne gâchons pas le plaisir de notre retraité en route vers les îles…

Après avoir caboté sur la mer turquoise, notre ami rentre un jour chez lui (sauf s'il fait partie du petit nombre de ceux qui posent ailleurs leurs malles). Il éprouve alors une sorte de dépression, semblable au baby-blues des jeunes mamans. Il se dit alors : *et si je passais voir les collègues ?* Il franchit la porte, tout joyeux, avec ses photos de voyage. Gudule est en réunion. Le chef lui adresse un salut pressé de la main : « Repasse mardi, c'est plus calme. Oui, à la cafèt'. » Annie… « Où est Annie ? » « Elle se refait une beauté », murmure Sonia. Annie, de retour des toilettes, a du rose aux lèvres. « Oh, Julien, c'est gentil de venir nous voir ! Je te fais juste un petit bisou parce que j'ai rendez-vous avec un client… »

Julien repart, déçu. Vous en avez souvent vu, dans votre boîte, des retraités qui viennent dire bonjour ? Oui, ils passent. Une fois, deux, tout au plus. De toute façon, avec le *turn-over*… Ils ne connaissent plus personne.

Revenons au pot. Le pot de départ. Je constate qu'il se fait rare. Marine, ma cousine, est infirmière. Elle a fait toute sa carrière dans le même hôpital. Lorsqu'elle m'annonce son départ, je m'exclame :

– Tu vas faire un pot d'enfer, je suppose !

– Pas de pot.

Je dois être sourde.

– Comment dis-tu, pas de pot ?

– Pas de pot. Nada, niet.

– Hein ?

– Non, je ne veux pas de pot. C'est fini, le bon temps. Plus d'amitié au sein du personnel. Chacun pour soi. J'invite quelques bonnes copines et copains au restaurant. Et deux toubibs sympas.

Nadine, coiffeuse. « Un pot, tu n'y penses pas ! Déjà que j'ai eu un mal de chien à tenir le coup, avec ces petites jeunes qui te poussent dehors... » Agnès, secrétaire de rédaction. « J'ai déjà eu du pot de ne pas être licenciée. Il n'y a plus de SR. Le journaliste est devenu polyvalent, multimédia ! Mon rédac' chef me regarde comme si je n'avais rien à faire. Le pire, c'est que ça devient vrai ! Alors je pars. J'ai négocié une indemnité. Je vais m'évaporer en douceur... »

Dans leur livre, *Les Baby-boomers : une génération mobile*, Catherine Bonvalet et Jeffrey Sachs ont repéré cet émiettement des départs, qu'ils regroupent en quatre ensembles : ceux qui ont bénéficié d'une vie professionnelle stable jusqu'au bout, ceux dont les carrières rectilignes se finissent en queue de poisson à cause des préretraites, ceux qui ont subi des trous de carrière dus soit à un chômage prolongé, soit à une longue maladie, et le quatrième groupe qui a alterné des phases de travail salarié, de chômage, d'intermittence, de vacations, de travail indépendant ou semi-indépendant. Comme moi. Ou comme Andrée, devenue mère célibataire à 23 ans d'un enfant handicapé. Sa carrière ? De l'intérim, encore de l'intérim, et quelques CDD. Elle en a vu, du pays, Andrée ! Elle a bossé à TF1, dans la banque, la mode, l'agriculture. Des femmes qui ont travaillé comme elle, en se débrouillant tant bien que mal, elle en connaît. Une amie, coiffeuse chez Alexandre, qui brushe les stars, tombée dans la misère. Une autre, danseuse au Crazy Horse. À 65 ans, elle vit avec le minimum vieillesse.

Après tout, direz-vous, l'arrêt du travail n'est qu'un marqueur social et il n'est pas désagréable de franchir le cap en douceur. Cependant, l'absence de frontière a quelque chose de déstabilisant, surtout quand le départ, de plus en plus furtif, est précédé (ou suivi) d'un soixantième anniversaire on ne peut plus discret. Nombre de mes amis considèrent comme un manque de tact de souhaiter ses 60 ans à un proche. Pire ! Certains de mes amis, intoxiqués par le jeunisme ambiant, exigent la banalisation absolue de ce jour néfaste.

N'en parlez pas, personne ne le verra ? Naïve superstition ! Le sexagénaire, retraité ou en passe de l'être, se regarde dans le miroir : « Miroir, mon beau miroir, suis-je encore jeune ? » Il est perplexe. Un événement anodin lui fait prendre conscience du basculement.

C'est ce qui m'est arrivé, lorsque je me suis, par mégarde, présentée comme « retraitée », à un groupe de jeunes journalistes auxquels j'enseignais le b-a-ba du métier. La réaction s'est lue dans les mines boudeuses : oh là là, une vieille schnock déconnectée, qu'est-ce qu'elle va nous enseigner… La conjugaison du plus-que-parfait du subjonctif ? J'ai vite rattrapé la situation, en précisant « retraitée pour la forme, car je suis micro-entrepreneuse » (Ouf !) Entrepreneuse, même micro, ça en jette.

Vous aimez votre travail et vous souhaitez organiser un pot de départ, bien que vous soyez licencié ? Prévoyez-le ! Vous partez dans les règles de l'art, à l'âge légal du moment, mais vous n'avez pas envie d'écouter le discours hypocrite d'un supérieur ravi de se débarrasser de vous ? Organisez-le hors les murs, comme ma cousine. L'ambiance au travail est dégradée, la solidarité se détériore, une nouvelle génération n'a pas, avec vous, d'atomes crochus ? Contentez-vous d'un mail courtois, si vous pensez que ça boucle la boucle, bref, agissez selon votre fantaisie, votre cœur, votre libre arbitre !

Je déconseille cependant – au nom d'un réalisme que vous pouvez juger complaisant – de vider son sac en partant, sauf cas extrêmes, parce que de nos jours, on ne sait jamais ce qui peut arriver.

Demain peut-être, il prendra fantaisie à votre employeur de vous demander de revenir pour une action de tutorat en CDD.

Chapitre III

Nos propriétés

Je m'écroule sur un hamac, suspendu en hâte. Derrière moi, huit heures de route. Déchargement des bagages, ouverture des portes et volets, branchement du frigo, mise en marche de l'arrivée d'eau, virée au supermarché, déballage des courses, grimpette sur l'escabeau pour extraire des draps de la grande armoire, lit fait. Ouf !

Je fume, je me repose. Comme tous les ans depuis que je me partage entre Paris et la Drôme, ouvrir la maison de campagne m'éreinte. « La double résidence, c'est tendance », affirme un récent numéro de *Notre Temps.* C'est surtout épuisant.

Un moustique m'attaque, puis deux, puis trois. J'ai oublié d'acheter des tortillons. Dans la maison, il fait frais. Je vais devoir rajouter une couverture.

L'an dernier, je m'étais préparé un festin de spécialités régionales. Ce soir, des manchons de poulet achetés au supermarché feront l'affaire. L'an dernier, j'avais écouté mon CD préféré. Cette année, mes oreilles bourdonnent trop de fatigue pour apprécier la musique. L'an dernier, j'avais trié le courrier humide. Cette année, je balaie la corvée d'un revers de la main. Il n'y a rien dans ce tas d'enveloppes qui ne puisse attendre.

Je tire sur ma cigarette, inerte et les yeux clos.

Zen attitude ? Pas du tout ! Un entrelacs de fils d'angoisse m'emprisonne.

Comment ai-je pu demander à mes parents de me consentir la donation de cette grande bâtisse ? Par quelle aberration me suis-je laissé prendre au galimatias des notaires sur l'« optimisation des droits de succession » ? Pour être propriétaire, ça, je le suis. Avec toutes les conséquences sur mon compte en banque. Je ne vais jamais m'en sortir. L'argent, où prendrai-je l'argent ? C'est cher, une résidence secondaire. Quelle folie ! Et la piscine ? La piscine a 30 ans. Elle filtre mal, la peinture s'écaille, la margelle se descelle. Et la pompe du puits, si fragile ? La pompe aurait-elle rendu l'âme ?

L'évocation de la pompe déglinguée m'extirpe du hamac. Direction la cave. Je branche la prise au-dessus de laquelle est écrit « pompe ». Suspense : elle crachote. Teuf, teuf, la voilà partie. Ouf !

Une fois remontée, je fais le tour du jardin. Les iris explosent, les pivoines s'ouvrent, les boutons de rose sont près d'éclore, une forêt de jonquilles colonise les berges du ruisseau, le pré est piqueté de marguerites. Que c'est beau ici, comme ça sent bon ! Requinquée, je décide de faire un feu de cheminée. Retour à la cave pour prendre quelques bûches. J'en choisis cinq grosses et trois moyennes. C'est lourd. Au beau milieu de l'escalier, je perds l'équilibre. Badaboum ! Mon chargement s'écroule. J'ai le dos en compote. Je m'étire avant de ramasser le bois éparpillé, je remonte à grand-peine et j'allume enfin un bon feu.

Ne nous plaignons pas ! Je fais partie de l'infime minorité qui peut, comme disent les gens, « se payer » une double résidence. À l'heure où de jeunes adultes sont contraints de retourner chez leurs parents faute de pouvoir payer un loyer, c'est du luxe. Je suis libre de la vendre, cette maison de campagne, après tout. Oh, pas très cher, parce qu'il faut refaire le tableau électrique, isoler la charpente, mettre des doubles-fenêtres, changer la chaudière, bitumer le chemin d'accès plein de trous, enfin, « travaux à prévoir », écrira l'agent immobilier. Mes enfants seraient très tristes, car c'est ici un refuge, un lieu de souvenirs.

Mais j'ai dit que je ne me plaindrai pas puisque je possède deux résidences, ce qui me place parmi les « privilégiés ». Sachez que les seniors sont propriétaires à 74 %. On vous l'avait bien dit qu'ils étaient riches... Enfin, pour Andrée, c'est la sortie de la statistique. À 65 ans, elle revend son appartement. Elle n'arrive plus à payer les charges. Elle a trouvé une colocation de vieilles, à Pantin, de l'autre côté du périph'. Ce type d'habitat collectif entre retraités est « en émergence », lis-je sur le site Agevillage, un des phares de notre âge (dont je reparlerai).

Marine, ma cousine infirmière, celle qui n'a pas voulu faire de pot de départ dans sa boîte, a des projets : elle voudrait vendre son appartement dans la banlieue de Lyon parce qu'il abrite des caïds bruyants, violents et dangereux. Estimation du bien : 110 000 euros. Avec cette somme, où acheter, et quoi ? Le centre-ville est inaccessible tout comme les moutonnements verdoyants des monts du Lyonnais. Prospection vers Valence, à voir...

Ah, nous en faisons, des projets immobiliers ! À nous les châteaux, les bastides, les ruines alanguies dans le lierre et restaurées à grands frais, à nous les villas pieds-dans-l'eau-plage-privée, on vous le dit, nous sommes vernis. Certains. Pour les autres, le petit deux-pièces, le trois-pièces qui sent le ranci. Il vaut mieux, dit-on. Des « dans mon genre » qui s'imaginent garder une grande maison à la campagne, ce sont des cigales, des imprévoyantes, surtout si elles n'ont pas de mari (pas de mari veut dire une seule retraite). Les femmes sages et leurs compagnons opèrent en temps et heure des replis stratégiques mûrement pensés avec l'architecte et le gérontologue. Si leur maison est grande, ils la vendent pour une plus petite. C'est triste, mais il le faut, comme l'écrit Gertrude (les larmes dans les lettres) sur le site Aménagement-construction.com : « Nous construisons une maison de plain-pied sur un terrain que nous possédons, mais quel crève-cœur de devoir vendre celle où les enfants ont grandi ! » Elle se consolera, Gertrude. La nouvelle maison aura des plans inclinés pour glisser le fauteuil roulant, une cuisine calibrée pour qu'il puisse tourner, une baignoire ouvrante, un monte-escalier Stannah, des fauteuils Everstyl et des plombs sous les tapis. Un vrai hôpital, mais cosy. Avec ses tableaux préférés et les photos de famille. Car l'autonomie, voyez-vous, en habitat comme ailleurs, ce n'est pas dans la tête. Que non ! C'est une question d'appareillages, de robotique en quelque sorte. Pour des hommes-machines.

Le « concept » de maison pour senior a quelque chose de rassurant, dans son énormité. Il paraît que les « résidences avec services » dans le style Hespérides ou Senioriales n'ont pas un gros succès auprès de la tranche des 55-69 ans, sauf pour quelques sites proches de la Côte d'Azur. Les constructeurs se rabattent donc sur le marché de la maison individuelle et de l'équipement de la maison. Preuve que nous ne marchons pas dans toutes les combines ou que nous sommes moins riches qu'escompté par les papes du *senior marketing*.

CHAPITRE IV

LEURS GROS BILLETS

À la puberté, une jeune fille découvre nombre de « premières fois » : premières règles, première sortie en boîte, premier joint, premières étreintes, que sais-je ? Moins connues sont les « premières fois » d'une femme qui a fêté ses 60 ans.

En voici une, et des plus cruelle. Imaginez la supérette du coin. Vers 19 heures, le magasin est bondé. La clientèle ne songe qu'à rentrer à la maison, prendre son train de banlieue, se reposer les pieds, se reposer tout court. L'exaspération gagne et confine à l'émeute.

Quel rapport, direz-vous, avec le troisième âge ? Patience !

J'évite de faire mes courses à cette heure infernale. Cependant, un jeudi, après être allée au cinéma en matinée, je passe au mini marché.

Clac ! Le piège se referme. Je piétine vingt minutes avant d'atteindre la caisse.

L'employée me réclame 7,35 euros. Je vais lui tendre un billet de 10 euros, lorsque je m'avise que j'ai peut-être l'appoint. Je remets mon portefeuille dans mon sac et sors mon porte-monnaie. Cette permutation, cinq secondes au plus, provoque un spasme nerveux qui parcourt l'échine de la queue sur toute sa longueur.

Sous le regard bienveillant de l'« hôtesse de caisse », toujours à court de pièces jaunes, j'explore mon réticule. Je n'y trouve pas 7,35 euros, mais 8,40 euros. Patricia (dit son badge) se tétanise. La soustraction l'épouvante, malgré la machine.

Un concert d'onomatopées explose : grrrr, pssssss, ibcile, viokk, jpaksaafair... Paniquée, la fille se saisit de mon porte-monnaie, en verse le contenu, prend quatre pièces de 2 euros qui font 8, plus deux pièces de 20 centimes qui font 40 et me rend 1 euro et 5 centimes.

Je range humblement ma monnaie. Les fronts courroucés me jaugent. « Encore une vieille qui ne sait plus compter. – Elle a la vue basse, elle ne distingue pas les pièces jaunes. – Je parie qu'elle confond les euros avec les francs, et même les anciens francs, si ça se trouve. » Pour une première fois, c'en est une !

Moralité : ne laissez jamais une caissière fourrager dans votre porte-monnaie. Tenez-le fermement à distance. Présentez d'un air dégagé un billet d'un montant excédant la somme due.

La recette n'est pas infaillible. Certains en prennent prétexte pour grommeler : « Quelles égoïstes, ces vieilles peaux ! Vous croyez qu'elles se donneraient la peine de faire l'appoint ? Il faut les voir sortir leurs billets de 50. Avec leurs grosses retraites, elles s'en fichent du coût de la vie ! Dans ce pays, il n'y en a que pour les vieux ! »

Chapitre V

Ils se croient tout permis

Le boucher est entre deux vins. Choix délibéré ou conséquence de son imprégnation alcoolique, il a adopté le style populo.

Je commande trois osso buco et un os à moelle.

Le boucher (*jovial*) :

– Alors comme ça, vous allez faire un fond de veau ?

– Je voudrais un os à moelle, s'il vous plaît.

Le boucher (*titubant*) :

– Oui, mais vous allez bien lui faire un fond de veau à votre osso ?

– Monsieur, il y a trois générations que les femmes ne cuisinent plus de fonds de sauce. Les restaurateurs non plus, d'ailleurs. La moelle, c'est pour tartiner des croûtons, si vous voulez tout savoir.

Le boucher (*qui n'a rien écouté*) :

– C'est pas difficile, ma petite dame. Pour un fond de veau, vous mettez les os à bouillir avec un petit oignon, du thym, deux clous de girofle, vous écumez et vous laissez réduire.

Moi (*agacée*) :

– Vous n'allez pas m'apprendre à faire un fond de veau ! La question n'est pas là. Pour un osso buco, nul n'est besoin de fond de veau.

Le boucher (*câlin*) :

– Dans ce cas, j'aimerais bien être dans votre cuisine pour voir comment vous mitonnez ça… Vous m'inviteriez pas, des fois ?

Moi (*exaspérée*) :

– Écoutez, je veux juste un os à moelle.

Lui (*tranchant*) :

– Eh ben, j'en ai pas, voilà ! D'ailleurs vous, les anciens, vous avez vos recettes, mais elles sont tombées aux oubliettes.

Moi (*résignée*) :

– Alors, donnez-moi trois tranches de faux-filet.

Lui (*tout sourire*) :

– Eh ben voilà ! On devient raisonnable. Alors, le faux-filet, juste passé à la poêle, dessus, dessous, une pointe de beurre frais et une persillade. Je dis donc, 620 grammes, 39,60 euros.

Hors de prix ! Je sors, furieuse. Il me hèle.

– Eh, ma petite dame, vous oubliez votre marchandise !

Je rentre, j'enfouis le paquet dans mon caddie.

Le boucher (*entre ses dents*) :

– Ces vieilles toupies, elles oublient tout. Et elles vous engueulent, en plus. Elles se croient tout permis. »

C'est que, passé 60 ans, on n'aime pas que nous « sachions » cuisiner, aimer, élever des enfants, isoler la maison, lire un devis…

Nous sommes soudain présumés impotents et ignorants, donc prétentieux lorsque nous faisons état de notre expérience. Au mieux on nous écoute gentiment. « Il (elle) n'y connaît rien. Il (elle) a de vieilles méthodes, de vieilles techniques, des savoir-faire obsolètes. » À quoi s'ajoute une maison malcommode, sans doubles-fenêtres ni volets roulants en alu, encombrée de vieux meubles et de fauteuils fatigués.

Pourtant, nous nous prenons pour les maîtres du monde, ma parole, avec nos conseils, notre condescendance, notre morgue, même. Tenez, au volant, les « vieux » de notre âge se croient tout permis. Les « vieilles », c'est le bouquet ! On les repère illico, avec leurs sièges contre le volant, leurs bras crispés, leurs lunettes, leurs vitesses qui grincent, leur frein à main mis pour un oui pour un non, leur incompétence notoire dans les ronds-points. Eh bien, elles sont chiches de rouspéter quand vous leur klaxonnez dans le dos parce qu'elles ne démarrent pas assez vite au feu vert.

CHAPITRE VI

ÇA NE CONNAÎT RIEN À L'INFORMATIQUE

Au club informatique de *L'Automne heureuse,* les chicanes sont incessantes, façon combat de volatiles dans un poulailler.

La stratification géologique entre des ères de nos initiations est une cause infernale de prises de bec. Les MS-DOS sont à couteaux tirés avec les adeptes antédiluviens d'un langage encore plus cabalistique : le Fortran. Les amateurs de feu Atari assurent que rien n'a jamais égalé les performances musicales de cette marque ; le duel entre PC et Mac fait rage ; parmi les grands-parents, le décalage horaire impose son rythme. Mémé trépigne pour ne pas manquer le créneau qui lui permettra de faire risette avec Gaëlle (trois mois) dans sa nursery de Nouméa. Monsieur Gastinois, professeur de géographie émérite, mobilise un poste de travail à lui seul toute la soirée. Il a entrepris de percer, grâce à Google Earth, le mystère des sources de l'Orénoque. Il interdit à quiconque d'occuper son siège, ne serait-ce qu'une demi-heure. La science d'abord !

« Mal élevé ! Égoïste ! Enquiquineur ! Malappris ! » lui lancent les grands-mères. Henri Gastinois, pourtant grand-père, réplique : « Silence, vieilles toupies ignares. À vos tricots ! » Un jour où Hélène Bridou insistait pour prendre sa place, il lui a donné une claque. Il s'en est fallu d'un cheveu que la police ne débarque.

Dans ce chaudron de sorcière, quelques sexagénaires se contenteraient de maîtriser les bases. Hélas, même ces modestes requérants ferraillent en chattemite. Les ex-sténodactylos rient sous cape au spectacle navrant des hommes qui tapent à deux doigts. Ils ne leur rappellent que trop leurs anciens chefs ! Les férus de la dictée de Pivot s'offusquent de ceux qui se perdent dans le dédale des verbes pronominaux et les renvoient avec mépris à leur Bescherelle. Garder la tête froide dans ces conditions relève de l'exploit. J'ai déserté au bout de cinq séances.

« On ne vous voit plus au club », s'étonne Hélène Bridou que je croise à la poste.

Je me garde de lui avouer que je prends désormais des cours particuliers pour combler les lacunes que mon activité de journaliste a laissées, car j'ai usé de mon ordinateur comme d'un clavier de machine à écrire et ne suis à l'aise que dans Word.

« J'ai abandonné. Je suis trop vieille. Tous ces clics sont de vrais pièges à souris. »

Dire que ces gamins en cheveux gris déplorent que nos écoliers soient impossibles à tenir. « Il faut les mettre au pas ! » tempêtent-ils. Ils seraient bien avisés de prendre la leçon à leur compte. Ce qu'il faut à ce club, c'est un enseignant averti, doublé d'un dragon capable d'imposer une discipline de fer à ces bagarreurs impénitents.

En vérité, ce club ne regroupe, comme je l'ai compris par la suite, que les sexagénaires vraiment ignares. La plupart sont avertis des nouvelles technologies et bien équipés. Les internautes de 50 à 64 ans étaient plus d'un million en 2000 et les plus de 65 ans, seulement 147 000. Aujourd'hui, les 60-69 ans sont équipés et connectés comme la moyenne de la population. La vente d'ordinateurs simplifiés, comme Ordissimo, marque le pas. En fait, nous sommes des virtuoses, des papys-surfeurs. Du moins pour ceux qui ont goûté à l'informatique au travail. Il y a même parmi nous des ordimaniaques et des as de l'iPad. Cela n'empêche pas les disputes autour de l'écran. En famille, avec les amis, les noms d'oiseaux volent. Nous sommes incorrigibles.

Chapitre VII

Bébé peut-il caresser le chien ?

Dans mon quartier chic, le dimanche après-midi, les jeunes adultes en sportswear griffé flânent en famille, avenue du Château. Je promène mon chien Rac en jean et gros pull confortable.

À croiser les adorables frimousses des enfants et les nouveau-nés dodus, je fonds de tendresse. J'ai envie de caresser la joue ronde du poupon, de ramasser le doudou tombé par terre, de renvoyer le ballon égaré.

Gardez-vous bien de suivre ces innocentes (im)pulsions ! Vous serez dans l'instant statufiés par des regards réfrigérants.

Je ramasse un nounours en déshérence dans l'allée et le tends à son propriétaire en poussette. Geste intercepté avec vigueur. Papa et Maman pensent aux microbes, aux bactéries, aux allergies. Ils époussettent soigneusement la peluche avant de la rendre à leur petit Lucas.

De quoi elle se mêle, cette inconnue ? Ces mémés, qu'est-ce qu'elles y connaissent aux enfants, hein ? Elles en ont ? La belle affaire. Des gosses élevés dans des communautés en Ardèche, au milieu de la fumée de cigarette et de shit… Soudain, la mère s'avise que je n'ai pas le genre post-68. C'est évident, car je ne porte pas de sarouel violet. Je suis donc de ces vieilles qui donnent des bonbons bourrés de calories et d'additifs, qui font « guili, guili », et chantent *Ma dent, ma petite dent* de Henri Dès. Catégorie ringarde, mais moins dangereuse que la première.

Elle en est là de ses déductions, lorsque Lucas demande : « Je peux caresser le petit chien ? » Le gosse insiste, à la limite du caprice. Tempête sous les crânes parentaux. Le mari convoque les souvenirs de son stage de développement personnel, « Soyez réactif en toute circonstance ». Il fait mentalement deux colonnes, les « pour » et les « contre ».

Pour :

– Ce n'est pas un molosse.

– Il est tenu en laisse.

– Le contact avec les animaux favorise le développement psycho-affectif des enfants.

Contre :

– N'est-il pas permissif de céder à Lucas ?

– Je ne peux être certain que les vaccins sont à jour.

– Le geste du bras de Lucas peut faire peur au chien qui mordra pour se défendre.

Trois contre trois. Match nul. Désemparé, le père consulte la mère. À son attitude, je devine que Maman plaide « pour ». Ce que j'ignore, c'est qu'elle souhaite en secret posséder un yorkshire.

Papa tranche le nœud gordien. « Lucas, tu caresses juste un petit peu le chien sur le dessus de la tête. » Feu vert. Je fais trois pas en avant. Lucas avance sa menotte vers la boule de poils : « Doucement, Lucas, doucement ! Il pourrait te mordre. » Maman a cédé à l'émotion. Lucas, effrayé, fond en larmes.

Je passe mon chemin. Dix mètres plus loin, je tombe sur un bébé qui fait risette sur risette et bulle sur bulle à sa mère attendrie. Je me penche vers la petite merveille. La mère accélère le pas, paniquée. M'aurait-elle prise pour une voleuse d'enfants ?

Je ralentis, troublée. Introspection. Deviendrais-je parano ? Pas si sûr. À me voir couver leurs petits d'un regard gourmand, les parents devinent peut-être que je suis une dame en mal de petits-enfants.

Chapitre VIII

Ils oublient tout

« Quelle étourdie ! » Je prends un ton primesautier, comme si j'avais oublié un détail, alors que j'ai commis une grosse bourde.

Imaginez la scène : je me suis levée à cinq heures à la campagne, préparée en quinze minutes, j'ai bondi dans ma Twingo, puis dans le TGV, attrapé le métro, pour me trouver à 8 h 45 précises au pied du centre de formation où j'enseigne à Paris, grâce à mon statut de retraitée-autoentrepreneuse. Au menu : un stage de deux jours sur les écrits professionnels. J'adresse un cordial bonjour à Patricia, l'hôtesse d'accueil.

– Salut, Pat. Je suis dans quelle salle ?

Elle consulte son planning et lève un sourcil :

– Je ne vous vois pas.

Je suis pourtant devant elle, non ? Je lui suggère de vérifier. Après un bref contrôle, elle murmure :

– C'est bien ces dates, mais le mois prochain.

J'encaisse l'uppercut. Je me suis trompée d'un mois.

L'hôtesse est navrée.

– Reposez-vous un moment. Voulez-vous un café ou un jus d'orange ?

– Non, merci, je viens de prendre mon petit déjeuner. Alors, à la prochaine fois, la bonne !

Là-dessus, j'éclate d'un rire niais et je prends le large.

Elle a eu pitié, c'est sûr. Il ne faut jamais inspirer pitié quand on vieillit. Zut, zut et zut ! Je m'écroule à la terrasse d'un café, commande un double express, anéantie. Je n'ai même pas sauvé la face. C'est pourtant facile de suggérer qu'entre le mail de convocation et les confirmations d'usage, un « incident qualité » a pu s'infiltrer dans la chaîne informatique.

Je rumine mon dépit. Le café a un goût de défaite. La rue est sinistre. Pas un chat, sauf des noctambules bouffis qui rentrent chez eux. Vais-je quitter Paris vaincue, humiliée ?

Les minutes passent. Le soleil se montre. Elle est agréable, cette terrasse. Je commande un croissant. Et si j'allais au cinéma ? Un marchand de journaux remonte sa grille. Sur *Pariscope*, je choisis *Gran Torino*, séance de 11 heures. Le spectacle me met de bonne humeur. En retraité de la boxe, Clint Eastwood est plus séduisant que jamais.

À la sortie, chaleur d'été. Les touristes marchent en rang serré, les Parisiens travaillent avec langueur. Le goudron fond, le ciel est bleu drapeau. Je vais au restaurant puis je visite une exposition sur les carnets de voyage des écrivains et des peintres. Esquisses, dessins, citations, aquarelles, poèmes…

En sortant, ma mésaventure semble déjà loin. Après tout, personne n'a été lésé, sauf moi. Aucun stagiaire n'a été privé de stage. Les cadres sup' de la boîte sont dans le Lubéron. Je n'ai pas grevé le chiffre d'affaires.

Ce stage inexistant, en réalité, c'est du « zéro défaut ». Avoir trouvé cette blague me met en joie. Que faire, après l'expo ? Je rends visite à l'un de mes fils. Je m'attarde à papoter dans son jardin. Le dernier TGV est parti. Je rentre passer la nuit dans ma maison d'hiver. Je la trouve jolie en tenue d'été. Je reste un jour de plus, à jouer les provinciales en vacances à Paris.

Au retour, dans le train qui roule à sa vitesse de pointe, dans les parages de Mâcon-Loché, je repasse le film des événements. C'est vrai, je me trompe plus souvent qu'autrefois dans mes rendez-vous divers. J'oublie aussi. L'horrifique épée de Damoclès de l'Alzheimer est suspendue au-dessus de moi. Avec mes amis, nous en parlons souvent, nous jouons à ouh ouh fais-moi peur : « Moi c'est les clés, moi mon rendez-vous chez le psy, moi mon portefeuille, moi mon pain chez le boulanger, je colle des Post-it partout… »

Des trous de mémoire ? Oui. Cela ne signifie pas qu'il faille se précipiter sur des grilles de mots croisés et de sudoku, s'inscrire au bridge ou réciter des poésies. La nouvelle maladie du siècle (avec le cancer, l'AVC et quelques autres) a très bon dos. Elle désigne tant de lésions différentes, visibles ou non à l'IRM, elle présente tant de variantes, que je finis par me dire qu'elle n'est rien de plus que l'inéluctable vieillissement cérébral qui nous atteint tous peu ou prou. Nous alimentons notre peur au spectacle de nos parents, lorsqu'ils sont encore vivants.

« Ma mère a Alzheimer. » Tout est dit, c'est l'horreur absolue, la dégradation suprême, la déchéance, presque une honte. Eh bien, à la maison de retraite où je lui rends visite, je constate que ma mère a l'Alzheimer heureux. Elle ne se souvient que de ce qui l'arrange.

Chapitre IX

« Leur » andropause

– Le mien est insupportable.

– Le mien aussi. Il ne veut plus sortir. Reste des heures sur son fauteuil.

Mais qu'est-ce qu'ils ont, leurs chiens, je me demande, à entendre Christine et Marie-Claire.

– Ils sont fatigués, vos toutous ?

(*Rires en chœur.*)

– C'est pas de nos chiens qu'on parle, c'est de nos maris. C'est à cause de leur andropause.

Je suis stupéfaite. Je vis seule, ce qui explique peut-être ma réaction. Je pensais, certes, qu'arrivés à un certain âge, nos maris et compagnons avaient, plus souvent que par le passé, ce qu'il est convenu de nommer des « pannes ». Et je m'imaginais, tout aussi naïvement, que grâce au Viagra®, tout était rentré dans l'ordre.

Que non que non, m'ont expliqué mes amies. Déjà, le Viagra®, ce n'est pas si simple. Il faut saisir le moment, celui entre l'ingestion du cachet et celui de son effet, pour le prélude. C'est tout un art, m'ont-elles expliqué.

La pilule bleue n'est pas aussi miraculeuse que je le croyais. Il arrive que sa molécule active, le citrate de sildénafil, ne fasse pas l'affaire. Il faut alors poser des timbres transdermiques sur le tronc, le ventre et les cuisses. Pire, recourir au Muse. Cette micro-pastille à insérer dans l'urètre donne de l'inspiration. La panoplie médicale englobe aussi des dispositifs de ralentissement veineux, des implants chirurgicaux, des piqûres dans la verge, constituant tous des traitements douloureux et humiliants. Plus cléments, le gel Androgel® concentré à 2 % et le Testim® concentré à 1 % ne doivent être prescrits qu'en cas de baisse avérée du taux de testostérone.

Cette hormone décroît chez nos compagnons à tout petits pas, a-t-on pensé longtemps, à partir du constat que des hommes très âgés peuvent être papas. Une étude américaine, intitulée *European male aging study*, publiée en 2010, dit que la chute de testostérone ne touche que 2 % des hommes entre 40 et 80 ans dont 3 % entre 60 et 69 ans. Des chiffres très contestés. Le mensuel *Notre temps* affirme que 25 % des hommes connaissent un déficit d'hormones sexuelles après 50 ans, chiffre repris par le Dr Mimoun, sympathique sexologue qui chronique sur France 5. Aux États-Unis, un vent de panique souffle. La prise de testostérone par ces messieurs y a augmenté de vingt fois en vingt ans.

Quoi qu'il en soit du taux précis d'évolution de l'hormone mâle, la femme a un rôle crucial pour ce qui est de la robinetterie. Le site Doctissimo l'exprime poétiquement : « Mesdames, aidez-les à remonter la pente ! » Et d'ajouter que « les femmes ont trop souvent une attitude castratrice » alors qu'elles se doivent de « trouver les bons mots », car « ce problème doit être partagé au sein du couple ».

Enfin, il vaut mieux. Sinon gare ! Le Dr Ian Banks prévient : « Certains troubles viennent de la survenue de la ménopause chez la partenaire, mettant à mal les repères du couple. »

Ne nous étonnons donc pas si, comme l'affirme le docte docteur superlatif, « 13 % des hommes ont tenté de se rassurer en engageant une relation avec une autre partenaire ».

Christine est du nombre. Son mari s'est maintes fois rassuré. À 74 ans, le vieux lion s'est avoué vaincu. Il est donc revenu chez lui, là où se trouvait ma Pénélope de Christine, qui n'en proteste pas moins. Marie-Dominique n'a pas eu cette patience. Elle a demandé le divorce, suscitant au passage l'incompréhension de ses enfants.

Car l'andropause n'est pas seulement un trouble sexuel. Elle affecte l'humeur. C'est bien ce dont s'entretenaient Christine et Marie-Claire. Outre la baisse de libido, d'autres symptômes affectent les mâles âgés. Bouffées de chaleur, sueurs nocturnes, fatigue, vague déprime, légers problèmes de mémoire et de concentration, lis-je sur PasseportSanté.net.

Les diafoirus disputent la question de savoir si ces désagréments sont une conséquence de la baisse de l'appétit sexuel ou une manifestation intrinsèque. C'est la controverse du poumon à la sauce du XXIe siècle. Ils suggèrent que la cigarette, l'alcool, la marijuana, le cholestérol et le surpoids n'arrangent pas les choses. Ils ont peu de risques d'être démentis. La position assise peut, préviennent-ils, « réduire la vascularisation ». Un constat qui colle à merveille avec le conseil, maintes fois prodigué aux sexas, de marcher au moins une heure par jour. Plus surprenant : le cyclisme aurait un impact négatif sur les capacités érectiles « au-delà de trois heures par semaine ». Les hommes lui préféreront donc le jogging ou la natation. En matière de virilité, le mieux est parfois l'ennemi du bien. Le Propecia® prescrit contre la calvitie favoriserait les difficultés de l'érection.

Remarquez bien que les troubles décrits par Passeport-Santé sont, pour beaucoup, « légers » ou « vagues ». Admirez la litote. Elle est destinée à bien distinguer l'andropause de la ménopause. Un abîme, que dis-je, un gouffre les sépare !

« À la différence des femmes, les hommes n'ont pas de jalon net comme la cessation des menstruations » pérore Wikipédia (net, tu parles…), suivi par l'incorrigible Doctissimo : « La réalité de la ménopause est incontestable. En revanche, bien des spécialistes doutent d'un phénomène équivalent chez les hommes, car la sécrétion des androgènes ne s'arrête jamais véritablement. » PasseportSanté.net conclut : « Il n'y a pas de symptôme, sinon des manifestations plutôt associées liées au vieillissement ou à l'obésité ou à un autre problème de santé. »

Conséquence : la pertinence du terme *andropause* est « questionnée ». Certains lui préfèrent *climatère masculin*, pour suggérer une pente douce. On dira aussi *androclise*. Plus scientifique, *hypoglandisme*. Martiaux, les sigles tels DAP (déficit androgénique partiel) et DALA (déficit androgénique lié à l'âge) sont en vogue. Ça a de la gueule, *DALA*, c'est moins moche que *ménopause*.

FAIS CECI, FAIS PAS ÇA

Chapitre X

Nos coachs

Pour nous aider à garder la forme, nous employons des coachs. Nos bonnes retraites permettent ce luxe. Sous le terme de *coach*, j'englobe une fois pour toutes, afin de ne pas me répéter, les experts en sexagénie de tous calibres, les kinés, ostéos, rhumatos, gastro-entérologues, proctologues, dentistes, odontologues, opticiens et audio-prothésistes, les psychologues et psychothérapeutes de toutes obédiences, les gérontologues, les profs de yoga, gym douce, méthode Pilates, kung-fu, shiatsu, les diététiciens, les pasteurs, les bonzes et les curés, ainsi que ceux qui leur servent de porte-voix dans les magazines, émissions radiophoniques et télévisées, sur la Toile et dans l'édition de livres imprimés, plus tous ceux que j'oublie.

Employer un entraîneur personnel, à notre âge, est un luxe de rien du tout, à vrai dire. Il suffit, par exemple, de s'abonner à *Pleine vie*, de regarder la chronique *ad hoc* du *Magazine de la Santé* sur France 5 (juste après le JT de 13 heures, c'est commode) ou de musarder en librairie.

J'y ai fait des découvertes épatantes : ces grands pédagogues ont coutume de regrouper leurs conseils en trois, cinq, sept ou dix préceptes, une architecture de chiffres à visée mnémotechnique, voire d'inspiration biblique, cabalistique ou apocalyptique, avec un zeste de comportementalisme, science encline à distinguer un nombre précis d'étapes dans l'« accomplissement de soi » (que je nomme « dressage mental »).

Pierre Vinot, auteur d'un *Petit traité pour réussir sa retraite*, résume son propos autour de sept consignes. Je ne résiste pas au plaisir de vous citer les trois premières.

1 – Soignons notre présentation. Cherchons à nous rajeunir, coiffure, habillement, lunettes.

2 – Méfions-nous des vides trop longs, trop frustrants (selon l'auteur, « la non-activité génère le non-temps »).

3 – Nous allons avoir des soucis de santé. Nous ne devrons jamais en parler, y compris à nos proches.

Voyez-vous ça ! Monsieur ne parle à personne de sa prostate, et souffre le martyre dans les W.-C., tandis que Madame se tient raide comme un piquet, alors qu'une fuite urinaire s'annonce et qu'elle n'a pour tout recours que de mouiller son slip à travers la protection Téna, dont tous les modèles, même les plus résistants, même ceux avec des attaches latérales, sont poreux…

Aimable Vinot qui nous ramène aux heures les plus éclatantes du puritanisme ! Leçons de maintien, impassibilité de façade, ce serait donc ça, la modernité du bien vieillir ? Pas un mot, pas une plainte. Quelle courageuse vieille dame, quel digne vieux monsieur ! Vous savez, ces gens qui, en des temps pas si lointains, humiliaient leurs domestiques, baisaient les soubrettes, tapaient le chien et donnaient le martinet aux enfants…

Il y a moins grossier, si je puis dire. Sophie Muffang dans un ouvrage au titre prometteur : *La retraite ? Pas si simple ! Comment passer le cap*, nous invite à calculer notre stress de l'année grâce à l'échelle de Holmes et Rahe en fonction des contrariétés survenues (j'ai eu trop de paresse, je l'avoue, pour escalader ces degrés) : nous pourrons alors savoir quel est notre risque, durant les deux années suivantes, d'avoir une maladie. Quarante-trois événements de la vie ont été décrits par cinq mille patients en 1967 comme facteurs de stress. Les psychiatres Holmes et Rahe leur ont attribué un coefficient. Par exemple, une grossesse c'est 40, la mort d'un conjoint c'est 100. Notez les vôtres, multipliez par le nombre de fois, additionnez. Verdict : au-dessus de 300, vous avez un très haut risque de maladie, en dessous de 150, il est très léger. Ah, les délices du *scoring*, le soir à la veillée ! Adapté à une PlayStation, ça pourrait être une bonne idée de cadeau de Noël, non ?

Autre jeu, celui des deux colonnes. Très en vogue pour prendre une décision (comme en use ce jeune père au moment d'autoriser, ou non, son enfant à caresser mon chien), il convient à mille situations : cas de conscience, évaluations de soi ou d'autrui, tourments du cœur… Grâce à une simplicité qui surpasse celle du sudoku, il est tout indiqué pour les personnes âgées. Dans une colonne, vous mettez vos handicaps, dans l'autre vos atouts. Par exemple, à gauche : je suis timide ; à droite : je suis persévérant. Faites l'addition.

Si vous avez plus de points forts que de points faibles, bravo ! Il ne vous reste qu'à transformer vos points faibles en points forts. Ainsi, le timide sera un interlocuteur sérieux et précis, à la différence du vaniteux qui risque d'avoir trop confiance en lui.

Si vos points faibles excèdent vos points forts, bravo quand même ! (Nos mentors pratiquent le renforcement positif, à savoir qu'ils nous félicitent toujours, exactement comme nous devons encourager notre chien lorsqu'il ramène la balle.) Vous devrez « juste » cultiver vos points forts et contourner vos points faibles. Pour un sexagénaire, cela peut donner, par exemple : point fort, je suis encore séduisant, point faible, j'ai des pannes érectiles. Solution : prenez du Viagra, félicitations !

Cette méthode est utilisée tout à fait officiellement pour évaluer le degré d'autonomie des plus-âgés-que-nous. La grille Aggir, un ensemble de questions posées aux supposés gâteux, agrémentée d'un entretien avec le neuropsychiatre et de tests psychomoteurs, aboutit à une note portée sur une échelle de 1 à 7. J'ai assisté au « girage » de ma mère. Enfin, à la première partie, parce qu'on m'a demandé de m'éclipser ensuite. Ma présence risquait, m'a susurré à fort juste titre le docteur coordinateur, de mettre en péril la neutralité scientifique du verdict. Ma mère a été « girée » 3. Du coup, sa prestation dépendance est très faible. Cette aide financière pour les frais d'une hospitalisation à domicile ou le loyer d'une maison de retraite est en effet indexée sur la grille Aggir. Il eût fallu que môman en rajoutât dans la débilité mentale ou les mouvements incontrôlés de la main.

Comptages et calibrages de toute nature nous sont recommandés dès aujourd'hui. Des outils de mesure précis s'imposent. Tensiomètres, cardiofréquencemètres et surtout, pèse-personnes indiquant l'indice de masse corporelle (IMC). Il faut absolument calculer l'IMC, voyez-vous, car le poids « brut », à l'ancienne (en kilogrammes), ne suffit pas à une approche « fine ». Pas de gras, pas de gras, car le maigre, c'est la vie ! Un petit écart peut compromettre l'édifice de notre forme et de notre santé.

Lorsque nos coachs signent des livres, sur la quatrième de couverture, là où s'esquisse une courte biographie de l'auteur, je lis souvent : « chargé de cours de management à… », « ancien DRH de… », « a publié de nombreux ouvrages sur la direction d'équipes et les relations humaines… » Car nos consultants, eux aussi, partent à la retraite. Ils cherchent, comme nous, à arrondir des fins de mois un peu serrées. Se recycler dans le management des vieux est une idée avantageuse dans tous les sens du terme.

En réel ou en virtuel, ça marche. Parmi les adresses Internet dédiées à mes amis sexas, il y a Agevillage, lancé en 2000 par Anne de Vivie, PDG d'Eternis, société éditrice du site. Elle fourmille d'idées, d'astuces et même d'articles de fond. Eternis pilote les instituts Gineste Marescotti, du nom de l'« inventeur » d'un concept nommé « humanitude ». En gros, le *care* désigne la charité en action, et l'humanitude la vertu de charité. Les deux termes se sont vulgarisés après la découverte de tristes cas de maltraitance dans les maisons de retraite. Les penseurs « modernes » hésitent à ressortir *charité*, mot peu laïc, pour désigner les palliatifs aux conséquences perverses de notre monde globalisé.

Où veux-je en venir ? Ah, oui ! Agevillage. Parmi les bailleurs de fonds de ce site, je trouve mon confrère Yves Mamou, administrateur d'Eternis, et Jean-Louis Rochard, gérant de Praesta France, une société spécialisée dans le coaching des dirigeants. Pas de scoop, ni de conflit d'intérêts à ce que j'en sais (je n'ai pas mené d'enquête). Cet exemple montre « juste » comment les méthodes de management en entreprise, auxquelles nous pensions avoir échappé en prenant notre retraite, reviennent en force pour régenter le temps de vie qui nous reste. Comme de juste, le site en question résume sa ligne éditoriale sous la forme des « cinq piliers du bien vieillir ». Ces gens sont incorrigibles…

Si je ne vous ai pas découragés de prendre un coach, faites les choses en grand : inscrivez-vous à un stage sur le bien vieillir. Il y a presque vingt ans, j'ai été témoin d'un événement que je me targue d'avoir flairé comme annonciateur (je suis journaliste, je me dois donc d'avoir du flair). Je faisais alors des stages de formation pour les collaborateurs des journaux internes de France Télécom. Ces bulletins mensuels se nommaient *Fréquences.* Il y en avait un par direction départementale. Au moment de l'ouverture du capital (la privatisation-qui-ne-disait-pas-son-nom), la direction incitait les agents à des départs « spontanés » en préretraite. Les postulants étaient invités à participer « sur la base du volontariat » à des « stages de préparation à la retraite ». Quelle attention digne de l'humanitude que de munir le futur ex-salarié d'un viatique pour l'aider dans son voyage sur la route du non-emploi !

Des stages de cet acabit tentent de faire une percée sur le marché de la formation. Ma caisse de retraite en propose, comme je vous en entretiens dans le chapitre « Revival ». Il paraît qu'ils n'ont pas beaucoup de succès. Enfin une bonne nouvelle ! Tant pis pour les gentils organisateurs... Tel est pris qui croyait prendre, ce sont des choses qui arrivent parfois.

Chapitre XI

Des bienfaits du sport

Une copine de travail me propose de l'accompagner au cours d'aquagym. À 32 ans, elle souffre d'un surpoids sévère.

Sa proposition me prend au dépourvu. D'ordinaire, à la piscine, je passe d'un air hautain devant le bassin où les mémés agitent leurs membres flétris sur un air disco. Petites têtes ridées sous le bonnet de bain, elles s'appliquent à suivre les injonctions d'un maître-nageur qui aboie plus qu'il ne parle, allant et venant sur la margelle comme un fauve en rut. Satisfaite de mes trente longueurs « toutes nages » et vingt « nage avec palmes », je monte d'un pied léger dans l'espace VIP transpirer au sauna et barboter dans le jacuzzi.

Mais la demande de mon amie me touche. Pourquoi pas, si ça peut aider cette petite à maigrir ? J'accepte.

Stupeur ! Dès le premier cours, je dois interrompre, haletante, au chiffre 16, la série intitulée : « Et pour finir, trente levers sur les bras au bord du bassin, et trente et vingt-neuf et vingt-huit, allez, on se hisse bien haut, je veux voir vos poitrines, mesdames, poussez plus fort sur les avant-bras, vous dormirez bien ce soir. »

La frite me joue des tours pendables, car, sous l'apparence anodine d'un jouet en plastique, elle cache une sorcière maléfique. Démonstration. Mettez la frite sous les genoux pliés, le corps en arrière en position de planche. Dans cette position, traversez le bassin sur la largeur en faisant des mouvements de brasse à l'envers. Je parie 100 euros que vous allez perdre l'équilibre ! Calez la frite sous les aisselles, tête hors de l'eau et battez des jambes pour atteindre l'autre rive. Facile ? Si, comme moi, vous dessinez de vagues cercles, c'est déjà bien. En général, la frite – c'est là son génie et sa malice – glisse sous vos bras, sous vos genoux et partout où vous tentez de la coincer, avant de rebondir d'un air sarcastique un mètre plus loin.

Mieux encore, la frite sous l'abdomen, traversez le bassin dans sa largeur en crawlant avec les bras, jambes tendues. En un rien de temps, vous coulez. Avant, arrière, tel un Culbuto, je m'efforce, bois la tasse, me rétablis, replonge. Le moniteur prend un air indulgent. « À votre rythme, madame, à votre rythme. Ici, on ne force pas. Tout en douceur ! »

Au vestiaire, sous la douche, ma copine sourit : « C'était pas trop dur ? »

Ils ont raison, nos coachs. L'aquagym est une activité à la fois adaptée à notre âge et exigeante. Parce que, voyez-vous, pour vieillir bien, tout est dans le challenge. C'est même le titre de l'éditorial du bulletin n° 45 de ma mutuelle : « De l'importance de se lancer des défis ». Et d'entonner le refrain de la bougeotte : « Bouger quand on n'en a pas envie, voyager quand demeurer chez soi constitue une confortable, mais inquiétante tentation […] autant de défis à surmonter. » Vous avez bien lu : tentation. Ne cédons pas à la tentation, on nous l'a appris au caté. Il nous faut comprendre le côté à la fois moral et hygiénique de la chose, car de nos jours, c'est tout un. Scientifique, dans la foulée. Sur la Toile, je découvre que « l'objectif de brûler mille calories par semaine est réaliste pour nous tous, soit sept marches de trente minutes ou sept joggings de vingt minutes ». La comptabilité des âmes, en quelque sorte. Dans le même style, j'apprends que les personnes qui font du sport gagnent huit années de vie en bonne forme par rapport à celles qui sont sédentaires et qu'une activité physique régulière diminue notre risque de mourir d'une maladie cardiaque de 35 à 40 %. Plus précis, tu meurs !

Chapitre XII

Petite leçon de psychologie

Je suis « en analyse » depuis dix ans. Une décennie que j'explore les fonds, arrière-fonds et doubles fonds de mon inconscient, depuis la façon que j'avais de sucer mon pouce, jusqu'aux cris que je poussais pendant l'amour. C'est loin d'être un record. J'ai des amies qui en sont à quinze, vingt ans et plus. C'est devenu un mode de vie.

Je dois beaucoup à ma psy. Grâce à elle, ou plutôt, grâce au « travail » que j'ai « fait » avec son soutien, j'ai cessé de boire trop d'alcool (plus ou moins), renoncé aux aventures sans lendemain (à quelques exceptions près) et je ne prends plus feu à la première provocation venue (sauf si elle émane de ma mère). J'accepte que ma fille ne soit pas première étoile à l'Opéra, mais membre du corps de ballet amateur du conservatoire de ma commune. Je ne considère plus comme un pis-aller que mon fils aîné soit informaticien en CDD, même si je le rêvais ingénieur, et le cadet kinésithérapeute alors que mon imagination l'avait propulsé patron de médecine.

Je suis « devenue moi-même » et j'ai « trouvé ma place dans l'ordre des générations ». Alors, pourquoi continuer ?

Je me posais cette question, mercredi dernier, coincée dans les embouteillages (parce que mon rendez-vous est TOUJOURS à 18 heures, en pleine heure de pointe).

Depuis quelques semaines, je m'avise que les séances ne sont plus focalisées sur « la petite fille qui est en moi ». Le propos s'infléchit. Les mots *lâcher prise, sérénité, indulgence, sagesse,* émaillent les discrets commentaires de la dame. Ce vocabulaire sent mauvais. Il a l'odeur rance d'un club du troisième âge, celle, empreinte de salpêtre, d'une sacristie avec un zeste du fumet de boudoir zen.

Bref, en dépit des habiletés langagières de l'analyste, son discours est aisé à décoder : « Règle tes affaires, mets ta conscience en paix, prépare-toi à la fin dernière. »

Mon analyse se mue en propédeutique de la mort. En voilà au moins une qui aborde ce tabou (outre les assurances, comme nous le verrons). Je lui en suis reconnaissante, certes, mais n'est-ce pas un peu tôt ?

Trop tôt ou trop tard, je trouve. Parce que j'y pense souvent et sans panique. Est-ce parce que je ne crois pas au ciel ? J'étais sur le point de tout lâcher lorsque j'ai inventorié la marchandise de nos coachs en matière de sagesse.

Nos coachs psycho ne nous incitent pas avec vigueur à l'analyse – psychanalytique, s'entend. C'est une opinion générale de leur part, sans rapport direct avec notre tranche d'âge. Ils jugent avec tolérance, mais aussi un humour amusé, les « théories » désuètes que sont le freudisme surtout, le jungisme un peu moins. Ils préfèrent les thérapies courtes, comportementalistes de préférence. C'est dans l'air du temps. J'en serais presque conduite à persévérer dans mon analyse par pur esprit de contradiction. Mais il n'y a pas que cette raison. Même si je suis un peu ridicule, ou démodée, je ne manque pas de démons intérieurs, à mon âge encore. Comme l'a si justement écrit le si démodé

Sigmund, « l'inconscient n'a pas d'âge ». Je n'ai que faire d'une sagesse à deux balles, dans le style des « cinq leçons pour bien vieillir ». Il y a le toc, en psychologie, comme en bijoux. J'aime mieux l'authentique.

Chapitre XIII

Sur les bancs de l'école

Je tombe en arrêt devant une affiche annonçant la reprise des conférences à l'université des vieux, dite « inter-âge ». On la nomme ainsi pour que nul ne s'imagine que les aînés sont discriminés.

Ta culture va à vau-l'eau, me reproche l'affiche, dans peu de temps, tu ne seras plus dans le coup, tu ne sauras que réciter les trois premiers vers du monologue du *Cid*, le début d'une églogue de Virgile et la moitié d'un sonnet de Ronsard. Tu ne connaîtras même plus les capitales du monde, qui changent tout le temps. « C'est pas grave, mémé, t'as qu'à chercher sur Google », rigoleront tes petits-enfants.

Je pars sur-le-champ chercher le programme à la mairie. C'est époustouflant, cette liste ! Elle va du « Bombyx du mûrier », aux « Splendeurs des derniers maharadjahs », en passant par « L'art de construire une yourte », « Dioclétien et le déclin de Rome », « Les interdits alimentaires dans le Coran, la Bible et la Torah », « Les enluminures médiévales en Bourgogne à la veille de la Renaissance », et « Les repentirs des peintres révélés par l'infrarouge ». Tout ça, rien qu'au premier semestre. Reprenons calmement. Je ne sais rien des derniers maharadjahs, sinon qu'ils ont transformé leurs palais en chambres d'hôtes de luxe. Dioclétien est à l'origine d'un édit accordant la citoyenneté romaine à tous les habitants de l'Empire. Marine Le Pen n'approuverait pas. La yourte est une sorte de tente dont les nomades assemblent l'armature en trois clics, avant de la couvrir de peaux. Ils ont aussi un truc pour évacuer la fumée. C'est astucieux, mais ça ne me dit pas pourquoi cet habitat est à la mode en Ardèche. Sur le bombyx, je suis incollable. C'est le nom scientifique du ver à soie. Lorsque j'étais à l'école primaire de Montélimar, en un temps où la sériciculture dominait l'économie locale, les maîtresses de sciences naturelles nous faisaient élever ces vers goulus dans des caisses pleines de feuilles de mûriers qu'ils dévoraient à toute vitesse.

Je ne suis pas avancée pour autant. Qu'il est ardu de reprendre des études quand on hésite ! C'est ce que j'ai seriné à mes enfants, lorsqu'ils n'arrivaient pas à choisir leur fac. « Bon sang, tu vas avoir 22 ans, il serait temps de savoir ce que tu veux faire ! »

Je m'inscris à « Splendeurs des derniers Maharadjahs ». Ce sujet m'ouvrira peut-être une fenêtre sur l'Inde, pays auquel je n'ai jamais rien compris, malgré les récits des routards de 68 et des années qui lui succédèrent.

Le mardi suivant, à 16 heures, les étudiants se pressent dans la salle polyvalente de la mairie. Quelques messieurs. Des femmes surtout, ridées, tassées, mais l'œil vif et le stylo en alerte. Le conférencier marmonne un « bonjour », puis se plante près de son ordinateur et envoie une première photo, un décor en bois sculpté. « Vous voyez ici le travail pratiqué dans les palais des maharadjahs du Rajasthan entre 1880 et 1920 pour orner les balcons et le rebord des toits. Ces motifs, souvent érotiques [*zoom*], furent repris par les premiers colons anglais qui leur substituèrent des thèmes botaniques ou animaliers, tels que les feuilles de palme [*zoom*] ou les singes [*zoom*]. Les mêmes motifs agrémentent les têtes de lits, les coffres cloutés et les fauteuils. Ils ne sont pas sans parenté avec l'art séculaire du tapis [*clic*]. Si j'ai commencé par les palais de Jaipur et de ses environs, c'est parce que les décors de cette région ont eu des influences bien au-delà des Indes, par exemple en Afrique orientale où ils se mêlent aux motifs mauresques [*clic*]. Cependant, on ne peut affirmer de façon péremptoire, comme le fait le Pr Simon de l'université de Toulouse II, que… »

La fin de la conférence me réveille. Bonne sieste. Martine m'accoste.

– Dis donc ! Ce qu'il est calé ce type.

– Tu n'as pas trouvé que c'était un peu spécialisé, que ça manquait de contexte ?

– Pas du tout. Nous n'en sommes plus au b-a-ba à notre âge, voyons.

Si elle le dit.

Désormais, je boycotte l'université des vieux, ce qui me vaut les foudres de l'adjointe au maire chargée de la Culture.

De toute façon, cette université, c'est une nouvelle mouture du refrain bien connu : « Tout commence à 60 ans. » Allez, les vieux ! On reprend tout à zéro. On efface tout et on recommence, on reprend aux bases, on s'y met pour de vrai, cette fois on a le temps, haut les cœurs…

Si seulement c'était vrai, on pourrait y souscrire. Reprendre le piano, l'espagnol, l'histoire, ça peut plaire à juste raison. Mais ces « universités » (je parle de celles dont j'ai lu le programme) sont tout l'inverse : une suite sans construction de conférences sur des sujets pointus, trop pointus, avec pour orateurs des spécialistes, eux aussi pointus, ultra-spécialisés, retraités comme nous, qui ressassent leur thèse, professeurs Tournesol qui trouvent un public pour leurs inventions, vacanciers qui présentent leurs photos de voyage. Prenez tout, faites un lot et appelez ça « culture ». La culture en miettes, quoi, pour paraphraser l'ouvrage du sociologue Georges Friedmann sur le travail en miettes.

Tant qu'à faire, mieux vaut s'inscrire à l'université, la vraie. Les aînés y ont leur place aux côtés des plus jeunes.

Chapitre XIV

Sex worldwide

S'il est une activité pour laquelle nos coachs (je me rends compte que j'ai oublié les sexologues, urologues et gynécologues dans ma liste) nous donnent carte blanche, c'est bien le sexe. Autant ils nous serrent la bride question alcool, tabac ou grosse bouffe, autant ils nous fichent la paix question pieu. Mieux : ils nous incitent au sexe. Le sexe, à notre âge, n'aurait que des vertus. Il fait la peau belle, élimine le stress, entretient le corps en bon état de marche. À croire que ceux qui ne le pratiquent pas ont pris leur billet pour le cimetière. Notre assentiment est supposé acquis. Il ferait beau voir que la génération 68 s'oppose à ça, elle qui s'est révoltée pour jeter son bonnet par-dessus les moulins !

Andrée a reçu une invitation pour le bal du Rotary Club à la mairie du XIXe. Elle y a découvert le pot aux roses. Une armada de dames de notre âge, vêtues d'une façon provocante, chemisiers transparents, jupes ras la touffe, bas résille, maquillage en technicolor, y faisaient leurs emplettes de mecs. « Tu aurais vu, ça drague à tout va ! »

Les barbons, a enchaîné Andrée, étaient eux aussi en pleine action, habillés sur leur trente-et-un, chaussures pointues, costumes zazous, pochettes rouges. En un sens, cette simplicité, sinon dans la mise, du moins dans les intentions affichées, a quelque chose de roboratif. C'est comme les thés dansants. On sait pourquoi on s'y rend.

Il est des occasions moins tapageuses, comme j'en ai fait l'expérience au sauna de la piscine de Boulogne. Je me suis retrouvée une après-midi seule dans la cabine avec un Noir, beau comme une gravure coloniale. Le genre Massaï, racé, musclé, hautain, nonchalant, la hanche souple, le mollet sculpté, les pectoraux à point (je rencontre quelquefois des Noirs – pardon, des hommes de couleur – dans ce sauna, parce qu'ils sont nombreux à fréquenter la salle de musculation attenante). Je regarde furtivement ce prodige digne d'un panthéon païen, gainée dans mon maillot noir amincissant, en conservant le maintien discret qui sied à une dame d'un certain âge. L'homme m'apostrophe :

– Je parie que vous êtes la doyenne de la piscine.

J'en tombe presque de ma banquette. Il enchaîne, d'une voix aussi malicieuse que veloutée.

– Mais attention, là ! Je trouve que pour votre âge, vous êtes très bien conservée. Vous avez un teint de pêche, un corps de reine, la poitrine ferme. Ah oui, belle femme, belle femme !

– Après m'avoir traitée de doyenne de la piscine ? Vous plaisantez ?

– Ah, mais je suis sérieux, très sérieux. L'âge, ça n'a rien à voir. Vous savez, les belles femmes, elles sont belles, point final.

Un ange passe. Je hasarde :

– J'étais quand même plus jolie à 30 ans.

– Madame, ne dites pas ça. Bien des hommes voudraient passer la nuit avec une femme comme vous. Une si belle peau ! Si douce, rien qu'à la regarder ! Si vous voulez, je vous emmène au restaurant, bien gentiment. Un mardi, si vous voulez, je viens ici le mardi. Vous n'aimeriez pas sortir avec un beau Noir comme moi ?

J'en crève d'envie, tu parles ! Assise dans la vapeur torride, à cinq centimètres de sa cuisse, je sens son odeur, je vois la sueur perler sur sa peau d'ébène. Je dévie le propos pour cacher ma confusion.

– Vous faites quoi ? Je veux dire en dehors de la piscine.

Il m'adresse un sourire renversant.

– Moi ? Je ne fais rien. À quoi ça sert de travailler ? Je viens ici, je pratique la musculation. Je veux avoir un beau corps pour séduire les femmes comme vous. Si vous voulez, je suis gigolo. Mais pas d'offense ! Je ne plume pas les femmes riches. Si une belle dame comme vous m'invite au restaurant, ça suffit. Ensuite, il n'y a rien d'obligé, c'est comme on sent.

J'ai souri. J'ai voulu articuler « oui ». Jamais je n'ai connu un Noir, bibliquement parlant. Hélas. Je me suis entendue dire : « Déjà 17 h 30 ! Je vous quitte. Excusez-moi, je redoute les embouteillages. »

J'ai enfilé mes tongs et j'ai pris la fuite. Qu'advint-il le mardi suivant ? Vous avez deviné.

Quand j'ai raconté cette histoire à Andrée qui n'avait pas trop apprécié la guinche du Rotary, elle m'a assuré qu'elle aurait fait comme moi. Elle se serait sentie mal à l'aise de se faire draguer par un gigolo, même s'il s'agissait – à première vue – d'une variante honnête du prototype.

Nous sommes bégueules, en somme. L'évocation des « cougars », ces femmes mûres de la sphère *people* qui séduisent des hommes bien plus jeunes qu'elles – les Madonna, Susan Sarandon, Demi Moore et autres – me choque. Le félin qui a donné leur nom de guerre à ces dames me paraît un totem déplacé, bon pour une jet-set dépravée.

Dans nos milieux d'ailleurs, les gigolos ne sont pas légion. Il en va, dans ce domaine comme dans bien d'autres, de la mondialisation. Le gigolo national revient trop cher, même au noir, alors que pour 450 euros la semaine, vol inclus, en ajoutant quelques piécettes de rémunération, nous pouvons nous « payer » un homme à l'acmé de sa virilité dans un paradis exotique. Nous soupçonnons parfois le but inavoué des voyages culturels de nos sœurs. Paraîtrait même que nous battons les hommes de notre pays à ce jeu… Nos destinations sont multiples, si j'en crois un article du *Monde diplomatique* qui égrène, outre la Dominique : Haïti, la Jamaïque, Cuba, l'Inde et le petit État de Goa, sans compter la Turquie, le Maroc, la Tunisie et l'Égypte, déjà fréquentés de plus longue date par les mémés en chaleur.

Les touristes aisées vont goûter les charmes des gigolos de Bali, de Sumatra et de Sulawesi, de réputation internationale. Pour les bourses modestes, les rades de Saly, haut lieu du tourisme sénégalais, regorgent de jeunes gens au chômage, avides des trois V : visa, voiture et villa. En Gambie, les bonnes adresses n'ont plus rien de secret. Le quartier de Senegambia à Banjul tient bordel ouvert. On peut trouver mâle à son goût dans les bars, les salles de gym ou simplement sur les plages où déambulent des *beach boys* vendeurs de quéquettes. Dans ce pays, lis-je avec effarement sur Internet, les femmes représentent 20 % des touristes sexuels. Une des raisons du succès de la femme blanche à gigolo sur l'homme blanc en goguette serait que la vieille blanche ne peut pas avoir d'enfant. Les fiancées locales voient dans le commerce de leur promis un moyen de monter leur ménage.

Les hommes de ma génération usent depuis des lustres de ce débouché pour calmer l'appétit que, prétendent-ils, leurs épouses ne peuvent plus satisfaire. Leurs désirs les portent surtout vers le Sud-Est asiatique, l'Amérique centrale et surtout Madagascar. Leur Gambie à eux, c'est l'île de Nosy Be dont les jeunes habitantes apprécient, dit-on, les *vasahas* (les Occidentaux en langue locale). Mais nos amis, ex-maris, maris et compagnons s'envolent, tout comme nous, pour le Maroc, la Tunisie, la Dominique et le Sénégal. D'ici à ce que Madame rencontre Monsieur, un soir, dans quelque bistrot de Saly…

L'engouement à nous inciter au sexe, loin d'être une concession à Mai 68, ne serait-il pas un moyen de réconcilier les vieux couples ?

Chapitre XV

Les pivots : « La force est en toi. »

Nous sommes la « génération pivot ». Ouvrons le *Larousse.*

« Pivot : Palier à axe vertical destiné à soutenir une charge verticale ;

Base, soutien essentiel sur quoi tout repose, axe, clé de voûte autour de quoi tout s'organise. »

C'est donc le sens figuré qu'il faut retenir, bien que le mot *charge* ait sa pertinence.

Dans son acception courante, l'expression signifie que nous sommes la génération intermédiaire qui rend des services à ses parents et à ses enfants.

Nos coachs connaissent cette réalité sociologique. Ils s'activent pour nous aider à être des pivots efficients. C'est acrobatique quand même, de tout à la fois « bien » vieillir et être de « bons » pivots. L'axe doit être solide. C'est un exercice difficile. Pour moi, en tout cas. Ce qui me tracasse le plus, c'est le côté de l'axe tourné vers mes ascendants, en l'occurrence ma mère (mon père est mort) dont je suis la fille unique. Auprès de ma mère, je suis une « aidante », comme dit le personnel de la maison de retraite où j'ai réussi à lui trouver une place après des recherches épuisantes.

Cette maison, dépendant d'un grand groupe spécialisé, « associe les aidants au projet d'établissement ». Il s'agit de nous disposer à rendre souvent visite, à être aimable avec les femmes de ménage, à sourire aux infirmières, même si ce sont des dragons en blouse blanche, et à ne pas solliciter trop souvent une direction « débordée ».

Bien. Je respecte les consignes. À peu près. L'autre jour, à la salle à manger, « on » est venu me dire que je parlais trop fort. « Ma mère est sourde », objectai-je. « Madame, vous n'êtes pas la seule dans ce cas. » Que rétorquer ?

Heureusement, j'ai la cote en ces lieux. À cause de mon chien. Lorsque j'arrive avec Rac, à midi pile, un frisson parcourt le salon où les vieux attendent de pénétrer dans la salle à manger, en se pressant vers les deux battants encore clos comme si c'étaient les portes du paradis. L'arrivée de Rac crée une diversion opportune et un peu de fouillis aussi, car certains pensionnaires modifient l'axe de leur fauteuil roulant pour regarder dans sa direction. Les exclamations fusent : « Oh le joli petit chien, comment il s'appelle ? » Ceux qui ont encore de la mémoire : « Rac, c'est Rac, voici Rac… »

Une fois que nous sommes installés à table, ma mère n'est pas contente, parce qu'après un rapide baiser, je fais un vrai tour d'honneur avec le chien, allant saluer Mme de Roche et son collier de perles fines, Dédé le fou (qui lance brusquement des cris inarticulés), M. Fabre qui travaillait à la cartoucherie aux « acides bouillantes » et Mme Juste qui a 101 ans et le regard vide, sauf lorsque je prends Rac dans les bras et que je l'approche de son visage.

J'ai appris récemment que, comme le monsieur Jourdain de Molière, je faisais de la prose sans le savoir. Cela s'organise dans certaines institutions de vieux sous le nom de zoothérapie. Je « fais » du bénévolat, en somme. C'est mon coach (mon ange gardien, ma conscience) qui doit être content !

J'avoue que je suis un meilleur pivot pour les pensionnaires en général, que pour ma mère en particulier. Ma mère me pèse. Elle a une forme de délire, un Alzheimer donc, qui semble concocté tout exprès pour me faire râler. Elle « oublie » que je prends le TGV tous les quinze jours pour venir la voir. Elle « ne sait plus » que je lui ai acheté un pull blanc tricoté fin, ras du cou et solide, marque Marcelle Griffon (après lui en avoir fait essayer trois, qu'elle a récusés) et prétend qu'on le lui a « volé » alors qu'il est à la lingerie. C'est incroyable la géographie des trous de mémoire, un vrai labyrinthe…

Bref, je ne garde pas toujours mon calme. Comme beaucoup de mes amies, elles aussi « aidantes » d'une mère, avec laquelle la connivence a tourné à l'hostilité.

Je constate à chaque visite l'exactitude de la statistique selon laquelle il y a bien davantage d'aidantes que d'aidants. Je papote souvent avec la fille de Mme Deroche, qui déjeune à la table voisine. « Nous sommes quatre enfants, trois garçons et moi. Nous habitons tous la région. Mes frères viennent une ou deux fois par an, moi je suis là toutes les semaines. » Banal, très banal…

Côté descendants, c'est aussi le règne des femmes. Les grands-mères sont en première ligne pour la garde des petits-enfants. Vous me direz qu'au cas où la grand-mère est mariée, le grand-père est « impacté » (si vous acceptez ce néologisme). Que mémé soit plus souvent à la porte de l'école avec le goûter que pépé n'est pas rare toutefois. Sans oublier que la plupart des mémés vivent seules, donc… Il résulte de ce fait incontestable qu'en plus de voyager, bénévoler, aquagymer et choraler, les femmes sexas grand-maternent. De vraies athlètes, des coureuses de marathons, nous sommes.

Enfin, pas moi. Je n'ai pas encore de petits-enfants. Ce n'est pas étonnant pour une sexa, car, comme vous le savez, les jeunes d'aujourd'hui ont leurs enfants de plus en plus « tard » en raison du fait qu'ils se mettent en ménage plus « tard », tout ceci étant peu ou prou lié aux difficultés qu'ils rencontrent sur le marché du travail. Résultat : notre « axe » supporte la force « verticale » de l'entretien et du logement des jeunes adultes que sont nos enfants.

Là encore, je parle en général, car, pour ma part, je ne suis pas un axe très solide. Avec mes 2 400 euros de retraite, je n'arrive pas à offrir un studio à mes gosses ! Heureusement, ils ont trouvé des loyers pas chers (pour des gourbis à Paris) et l'un d'eux a même acheté son pavillon. Je me contente modestement d'entretenir la maison de campagne avec la certitude qu'elle est un lieu, pour ainsi dire, « pivot ».

Chapitre XVI

Le b-a-ba du bénévolat

À l'entrée du supermarché, un jeune homme, pantalon noir, tee-shirt vert, me glisse un prospectus. Ce dépliant appelle les clients à participer à la collecte de la Banque alimentaire « en achetant des produits de première nécessité, tels que pâtes, riz, biscuits ou conserves ». Je m'exécute.

Mon paquet de spaghettis, mes conserves et mes biscuits vont prendre la mer, franchir les déserts et les frontières de pays en feu, pour réconforter mes frères humains dénutris, livrés au meurtre, au pillage, aux prises d'otages, au despotisme et aux rivalités ethniques, me dis-je, satisfaite du devoir accompli.

À la caisse n° 4, je me trouve nez à nez avec une femme de mon âge, boudinée dans une salopette verte et un tee-shirt noir. Je lui remets mon aumône. Cette femme me rappelle quelqu'un. Ah oui, c'est une dame qui venait à la gym l'an dernier ! Elle m'avait proposé de recueillir les dons avec elle. Pourquoi pas, me dis-je, si c'est pour une bonne cause. Certains de mes amis retraités pratiquent le bénévolat. Pour eux, c'est une façon de se rendre utiles, de se maintenir en forme et d'avoir une vie sociale.

Le gouvernement encourage cette activité généreuse qui ne peut être que « gagnante-gagnante ». Au moment où la réforme de 2010 demande aux salariés de travailler plus longtemps, il n'est que justice que le retraité donne quelques heures de son temps à un groupe de bénévoles ! Il doit bien ça à la société qui l'a tant choyé. Il recevra, en retour, de la notoriété (au bon sens du terme) pour son souci du bien public. En quittant son emploi, dit le Plan national Bien vieillir (PNBV), chaque fonctionnaire « se verra remettre un passeport pour une retraite active, favorisant son engagement dans le cadre du bénévolat ».

Même si je ne suis pas membre de la cohorte des agents publics, il y a de quoi interpeller le citoyen qui dort en chacun de nous. L'hebdomadaire *Notre Temps* et son cousin *Pleine Vie* qui s'adressent à notre « cible d'âge » ne manquent pas de nous inciter à pratiquer ce qui se nommait, il n'y a pas si longtemps, les « bonnes œuvres ». Pas un livre de conseils qui ne chante son couplet en faveur d'une activité si gratifiante et utile. C'est d'autant plus malin que bien des papy-boomers ont la fibre sensible, question générosité. Ils ont appris la B.A. chez les scouts ou quêté pour le Secours populaire. Plus tard, ils ont milité pour la cause du Tiers-Monde. En 68, ils ont défendu la classe ouvrière. D'autres (ou les mêmes) estiment qu'ils ont bien vécu et qu'ils peuvent donner un peu de ce qu'ils ont reçu. De toute évidence, Martine est de ceux-là.

Happée par la mauvaise conscience, je reviens sur mes pas. J'observe mieux la scène. À chaque caisse, les silhouettes en vert et noir se hâtent. Bénévole n° 1 réceptionne les arrivages, Bénévole n° 2 range les dons à toute vitesse, afin qu'un employé, qui les dépose sur une palette, tienne la cadence. La fille porte une casquette à visière où je lis « partenaire de l'OAM ».

Du travail à la chaîne, quoi. L'activité des bonshommes vert et noir reproduit la mécanique de l'usine et la routine du bureau. Sur leur visage concentré, je lis le sérieux et la compétence. Pas un sourire. Pas le temps ! Parfois un bref « merci ».

Je relis le prospectus. Il est rédigé dans les règles de l'art de la communication efficace. Un titre, un code couleur, un seul message, un moyen pratique d'agir. Le vocabulaire ? « Efficacité... performance... rapidité... traçabilité... » Les mots de l'entreprise, ceux de nos managers !

Je tente de me représenter des containers argentés, lancés par la porte d'un hélicoptère, tombant du ciel comme la manne dans le désert. Peine perdue. Je n'arrive qu'à évoquer (ainsi que je l'ai vu si souvent à la télévision) une meute de villageois en train de s'arracher nos dons, tandis que des soldats tentent de maintenir un semblant d'ordre.

Martine est engluée dans le *charity business.* Je n'irais pas quêter avec elle.

Oui, concéderez-vous, mais il existe des milliers de petites associations ou groupements qui permettent de se dévouer. Je n'ai rien contre. Je suis membre d'une association de lecture à voix haute. Lorsqu'elle organise son modeste festival annuel, je porte des chaises et des bancs et je cuisine une pizza. Suis-je donc bénévole ? Je n'aurais pas l'idée de me targuer de ce titre...

Ce qui me préoccupe dans l'affaire, c'est le refrain lancinant porté par nos gourous en faveur de cette activité. J'ai bien dit « activité », comme on parle de population active. Tiens, tiens... *Bénévolat* signifie un « bon » vouloir, une action « gratuite ». En l'occurrence, du travail gratuit. Comme écrit mon quotidien régional en relatant, page 5, le concours de boules d'un village : « Rien n'aurait été possible sans le travail de fourmi des dizaines de bénévoles qui ont permis le succès de ce concours » et, page 6, le loto des Anciens : « Rien n'aurait été possible sans le travail de fourmi des bénévoles, etc. »

Il est bien utile, ce travail gratuit en période de vaches maigres pour les subventions accordées aux associations ! Passe encore, si les fourmis sont contentes. Elles ne sont pas si nombreuses qu'on l'imagine, en fait : une enquête de l'Insee sur la vie sociale des 55 à 64 ans place la vie associative en lanterne rouge à 36,9 %, en queue de peloton. La palme revient au… vote ! (81 et 83 %), suivi par les activités manuelles (bricolage, jardinage) et artistiques, puis les sorties culturelles (64,1 %), les rencontres en famille (58,7 %) ou avec les amis (47,6 %).

J'en conclus que notre génération incline sans excès au bénévolat. Faut-il y voir une forme de résistance à l'antienne insistante qui nous est servie ? Je fais trop parler les chiffres, sans doute. Mais je tiens pour préoccupante cette obsession du bénévolat qu'on nous ressasse de tous côtés. En associant le flûtiau « béné-voles, béné-voles » à la grosse caisse RE-TRAI-TE AC-TI-VE, RE-TRAI-TE AC-TI-VE, on joue un air dont le refrain serine que l'homme, en définitive, n'est qu'un producteur.

Cette mutilation n'est pas nouvelle, certes. Une conception dévoyée du marxisme y a conduit. Mais je parle de nos sociétés libérales et démocratiques. L'écrivain humaniste Susan Sontag, décédée en 2004, remarque : « La valorisation des personnes âgées sert une société qui a pour idoles une production industrielle toujours croissante et la cannibalisation sans limites de la nature. »

Derrière l'injonction à être « actif » se profile le refus de concevoir l'homme dans sa dimension intérieure et contemplative, la vision utilitariste d'une vie dont chaque instant doit avoir du « rendement ».

« Injuste ! » « Partial ! » s'insurgeront nos mentors. Nous recommandons aussi les loisirs, la lecture, les jeux de société, le chant choral, la pratique d'un art, bref, des activités ludiques et créatrices.

Dont acte.

Mais cette permission devrait s'exercer davantage tout au long de la vie. Celle-ci est de plus en plus envahie, encadrée, minée et rongée par le travail. Pas seulement à cause de sa durée légale, mais par l'encombrement mental, le fameux stress lié à un management de plus en plus intrusif, à coup de stages pour formater le cerveau, de portables, smartphones, GPS et autres tablettes qui envahissent la sphère privée. La « belle vie », la « bonne vie » est reportée à la retraite. Césure aberrante, fait remarquer le sociologue canadien Bernard Arcand. Il dénonce la promesse des seules « vraies vacances » à 65 ans : « Pour réussir à extraire chaque jour un maximum de travail, il était essentiel de ne tolérer que le travail et de refouler vers un ailleurs à venir la plupart des comportements de tout être humain normal. Il était essentiel d'inventer le troisième âge. »

J'exagère ? Voyez depuis quand on utilise le vocable *troisième âge*, au lieu de *vieillesse*, et nous en reparlerons.

Chapitre XVII

Les joyeux étés de Françoise

Françoise, une copine de fac, passe l'hiver à Paris et l'été dans la même commune que moi. Je la croise au marché. Elle s'exclame, vibrante :

– Quelle joie de te rencontrer ! Ces marchés de Provence sont irrésistibles. Ces couleurs, ces odeurs…

– Tu viens d'arriver ?

– Ça fait une semaine, mais on croirait un siècle. Je ne touche pas terre. Moi qui pensais me reposer à la retraite.

Elle secoue les boucles de sa permanente dramatiquement oxygénée.

– Rien ne t'en empêche !

– Tu en as de bonnes ! Huit amis de passage à midi ; demain, arrivée des enfants et de leur smala ; le soir, concert au *Temple*. Negro spirituals. Tu veux venir ?

– C'est-à-dire, euh, je préfère le classique.

– Une autre fois, alors. Jean-Claude clame à tout va que sa femme est une tornade. C'est excitant, non, après trente ans de mariage ?

– Je suis divorcée, si bien que…

– J'oubliais, tu en as usé deux (*rire*). Et les amants, coquine, ça existe, non ?

– Justement…

– Qu'importe ! Moi aussi, je voudrais être seule parfois. Mais je suis *full.* Lundi, j'accueille des musiciens sénégalais pour le festival, mardi je tiens le stand de la ligue contre la maladie d'Alzheimer et je dois en plus caser le pot du maire. O-BLI-GA-TOI-RE. La Ville a voté une subvention pour l'association des Trèfles dont Jean-Claude est président. Tu as ton carton ?

– Je ne joue pas au bridge.

– À ton âge ! Et tes neurones, tu y penses, à tes neurones ? Je parie que tu préfères te montrer au vernissage de Claude Rambert.

– C'est-à-dire que…

– Moi, je fais moitié-moitié. Je vais au pince-fesse du maire avec Jean-Claude et j'expédie les enfants au vernissage. Bon, on papote là, mais j'ai ce déjeuner à préparer. À 17 heures, je file à la chorale. C'est un moment de décontraction et de retour sur soi unique. Je fais complètement le vide. Notre retraite n'est-elle pas le temps du lâcher prise ?

– Tu l'as dit. (*Sourire.*)

– Et toi, ça va ?

– Oui, je marche, j'écris.

– C'est tout ? Fais attention, tu vas vieillir.

– Écrire demande de l'énergie.

– C'est évident, ma chérie. Je n'ai pas lu ton dernier livre, mais pas de souci, c'est sur mes tablettes.

Et la voilà qui repart, virevoltante, avec son chapeau de paille et son déguisement de villageoise qu'elle trouve dans le ton.

Je soupire. Mais qu'est-ce qui la pousse à faire tant de choses ? Elle et bien d'autres, hommes ou femmes, tous à me dire qu'ils ont des agendas de ministres, des activités à revendre, des « je pars à l'entracte parce que j'embraie sur un autre concert », des « je fais juste un coucou parce qu'on m'attend », des « je voudrais vraiment venir, mais là, on est pris »… À 40 ans, je comprends – et encore ! –, mais à 60, 65 ou au-delà ?

Vitalité, enthousiasme intact ? Hum, hum, peut-être. Cette façon, à notre âge, de n'être nulle part et partout, de s'envoler à peine posé, me donne le vertige. Je ne peux m'ôter de l'esprit qu'il y a là une forme de fuite en avant, une course-poursuite avec la vieillesse, course de vitesse vaine, course perdue d'avance contre la montre, contre la mort (tiens, *montre* et *mort,* quatre lettres en commun). Le bon sens ne voudrait-il pas que nous changions de tempo ?

Dans la revue *Esprit,* Christian Pelluchon partage mon étonnement : « Le fait d'avoir une longue vie derrière soi devrait conduire à relativiser la pression sociale et même toute image de la réussite, du succès et de la gloire au profit de la jouissance du présent. » Il parle d'or, ce Pelluchon ! Et de s'en prendre à « une vision stéréotypée du bonheur qui reprend les clichés véhiculés par le marché et la course à la compétitivité ». En effet. La sacro-sainte religion de la performance impose son magistère aux vieux, tout comme sévit l'illusion que l'activité se confondrait avec la santé et la jeunesse. Pascal – Blaise – l'a si bien exprimé ! Pensée 146 : « L'homme est visiblement fait pour penser. C'est toute sa dignité et tout son métier. Et tout son devoir est de penser comme il faut […] Or, à quoi pense le monde ? Mais à danser, à jouer du luth, à chanter, à faire des vers, à courir la bague, à se battre, à se faire roi, sans penser à ce que c'est d'être roi et qu'être homme. »

J'aime bien l'image des petits vieux qui se chauffent au soleil sur un banc, un comportement qu'ignore certainement Françoise – quand bien même il y aurait un banc dans son jardin.

Chapitre XVIII

Les globe-trotteurs

Nathalie et Alain m'ont invitée à dîner avec quelques amis de notre âge. Alors que nous attaquons le feuilleté aux asperges, Annie renverse son verre d'eau. L'incident coupe net la conversation. La maladroite (?) saisit l'occasion au vol.

« Excusez-moi. Voyez-vous, je reviens du Canada. Je ne me suis pas encore remise du “jette lague”. »

Prononcé avec l'accent de Toulouse, *jet lag*, ou décalage horaire, ne manque pas de pittoresque. Passons. Chacun a le droit d'avoir un accent. Les Canadiens, justement, n'en ont-ils pas un ?

Et roulent les propos sur le Canada, la détérioration (ou non ?) de la francophonie au Québec, la politique d'immigration choisie d'Ottawa, sujet quelque peu *touchy*, que la maîtresse de maison fait habilement bifurquer vers les « immenses étendues vierges du Nord », les petits ports sur la banquise, les excursions en traîneau, les phoques et les albatros.

Comme dans le jeu de « la balle aux mots », *neige* permet à Michel, un confrère d'Alain, de raconter qu'il est allé skier avec sa femme, Justine, à Aspen l'hiver dernier.

– Nous étions fidèles aux Deux Alpes. Mais ce n'est plus tenable ! Les pistes sont envahies par les enfants du 9-3 en classe de neige. C'est joli, le noir sur blanc, mais point trop n'en faut. Je plaisante, bien sûr, hi, hi, hi. En Amérique du Nord, les stations sont calmes, les gens bien élevés, y compris, d'ailleurs, les personnes de couleur.

Amérique ricoche sur le front d'Henri, septuagénaire et des poussières, qui a retenu un séjour dans un complexe de thalassothérapie en Floride.

– Si ton cardiologue le permet, corrige sa femme. À ton âge, chéri, qui sait ce que demain te réserve ?

Demain rebondit sur le cortex d'Annie. Elle annonce qu'après le Canada, elle va « faire » le Cambodge.

– Tous mes amis conseillent de « faire » le Cambodge maintenant, parce que ce n'est pas encore trop abîmé par le tourisme. Il y a urgence. Il paraît qu'à Angkor, l'affluence est pire qu'à Versailles.

Justine sursaute.

– Et les mines antipersonnel, tu y as pensé ?

– Bien entendu ! Mais, selon Handicap International, les autorités ont déminé les sites historiques. Les accidents n'affectent que la population locale. Nous n'allons quand même pas payer pour les crimes des Khmers rouges ! Ces pays sont exsangues, tu comprends. Alors nos devises, pour eux, c'est une manne. Au risque d'une surcharge de touristes.

Nathalie bondit.

– Il y a encore des lieux préservés, tu exagères ! Les tours opérateurs ont compris que les gens voulaient sortir des sentiers battus. D'accord, Fram ou Go Voyages sont des officines pour beaufs. Mais je connais des organisateurs très bien, à l'écoute, qui proposent des concepts innovants.

Annie concède qu'une « nouvelle façon de voyager » est « en émergence ». Pour preuve, les voyages éthiques. Sur quoi Justine et Michel racontent qu'ils ont « fait » le Sénégal avec une ONG. Ils ont participé au creusement d'un puits. Ils se préparent à « faire » Madagascar dans le cadre d'une action contre la déforestation.

C'est comme s'ils avaient une liste. Une liste de pays à « faire », parce que le temps est venu de « faire » des voyages, de « se faire » des continents entiers. La chanson de Jacques Brel me trotte dans la tête : *Les Flamandes dansent dans le pré, parce qu'il est temps de montrer*… Les voyages forment la vieillesse. Ils occupent le temps. Le temps qui nous est compté par les Parques assises au fond du salon, dans un recoin sombre, qui filent, filent, filent…

Chaque escapade fait figure de ligne rayée sur la liste. Courgettes, fruits, fromage, truites, entrecôtes, a griffonné la ménagère. Le catalogue planétaire égrène : Seychelles, Thaïlande, Suède, Japon et plus, si encore en vie.

Mon Dieu ! Ils vont me demander de raconter mon voyage en Argentine. Ouh là là, j'y suis allée, dans la capitale du moins, puis j'ai pris un autocar pour me rendre aux chutes d'Iguazú à travers les Esteros del Iberá, le « pays des eaux brillantes », en indien. Voilà, c'est tout. Ils vont trouver ça minable. Tu n'as pas « fait » Ushuaïa ? Ni le désert d'Atacama ? Ni Bariloche ? Que voulez-vous, je n'aime pas survoler, passer en vitesse, prendre trois photos et puis s'en va.

Ils mangent leur salade. Avec un peu de chance, ils vont m'oublier. Les globe-trotteurs comme Annie, Michel et Justine ont tellement brouté de palmiers, de goyaviers, d'arbres à pain et de plants d'ananas qu'il leur faut les régurgiter, encore et encore, chez les amis afin de repartir l'estomac et l'esprit libre pour se préparer à « faire » de nouveaux pays.

Broutez, broutez !

Finissez donc cette salade, qu'on passe à la tarte à la crème, vite, vite.

Ouf ! Le café bu, je passe aux toilettes. La tête me tourne. « Excusez-moi. Un léger malaise. Je vais rentrer. Merci pour cette délicieuse soirée. »

C'est quand même fou, cette manie des voyages. Dès que les gens ont trois sous (les titulaires de petites pensions ne sont pas membres du clan), les voilà qui courent le monde. On dirait qu'il y a écrit : « voyages obligatoires » sur leur front. Ce serait déroger à la règle et faire preuve d'un esprit étroit que de ne pas fouler tarmac sur tarmac. Je comprends tout à fait l'envie de connaître d'autres peuples et de s'élargir les idées au contact d'autres modes de vie. Mais est-ce une raison pour courir la planète en tous sens, comme des poissons agités ? Je parle des poissons parce que le monde n'est en définitive qu'un grand bocal.

Ne serait-il pas plus sage de ne faire que des voyages choisis et de rester un peu en place ? Il me revient la célèbre pensée 139 de Pascal (encore lui) : « J'ai découvert que tout le malheur des hommes vient d'une seule chose qui est de ne pas savoir demeurer en repos dans une chambre. » On dit bien une « retraite », non ?

Chapitre XIX

Revival

Récemment, j'ai été invitée par ma caisse de retraite, Audiens (qui regroupe les ex-salariés de la presse, du livre, de la communication et du spectacle) à participer à des stages sur le bien vieillir animés par Mme Marie de Hennezel. Et je me suis rendue à une conférence, à Paris, où ces stages étaient présentés.

Franchement, on ne se moque pas de nous, parce que cette personne, charmante au demeurant, est une référence en matière de bien vieillir ainsi que d'accompagnement des mourants. Son livre *La Mort intime* a été préfacé par François Mitterrand, *Nous ne nous sommes pas dit au revoir*, un autre de ses best-sellers, l'a propulsée rapporteuse auprès du ministre de la Santé d'alors, Jean-François Mattei, et ses conclusions ont largement inspiré la loi Leonetti sur la fin de vie.

À notre adresse, nous les sexas en pleine forme (encore très loin de l'échéance), elle a publié il y a cinq ans *La chaleur du cœur empêche nos corps de rouiller*. C'est ce livre qui a inspiré le Plan national Bien vieillir. Les séminaires animés par Mme de Hennezel durent cinq jours, ils sont interactifs, dixit l'animatrice, et agrémentés de nombreux exercices pratiques.

C'est sans doute très bien, ce stage. Mme de Hennezel évolue dans des sphères qui lui interdisent, comme ce brave M. Vinot (que j'épingle dans le chapitre « Nos coachs »), de dire des platitudes. Elle laisse aux domestiques le soin de l'intendance, type marche à pied ou aquagym. Comme elle l'a déclaré à ladite conférence, « moi, je m'interroge sur le sens spirituel, au sens large » à donner à la vieillesse.

Il faut toujours se méfier du spirituel « au sens large ». Il s'agit souvent du spirituel au sens strict, voire étriqué. La question cruciale, selon Mme de Hennezel, lorsque nous arrivons vers 60 ans, est la suivante : « Comment être une source pour les autres ? » Oui, une « source » de joie, car qu'est-ce que la vieillesse, hein, sinon « une aventure spirituelle » (bis) ? Et de citer saint Paul : « Tandis que notre homme extérieur s'en va en ruine, notre homme intérieur se renouvelle de jour en jour. » Vous n'avez pas compris ? Détour par l'étymologie : en hébreu, *gil* signifie à la fois « être vieux » et « être ivre de joie ». Vous en voulez davantage ? Un peu d'ethnologie : dans la tradition amérindienne, la mort est un oiseau perché sur l'épaule gauche. Demandons-nous avec Jacqueline de Romilly, a suggéré Mme de Hennezel dans cette causerie, si la propension à se souvenir des choses anciennes, qui croît avec l'âge, n'est pas en réalité une « expérience de l'éternité ». Je me suis crue un instant à écouter l'homélie du prêtre, du rabbin ou du pasteur, mais j'en ai eu aussi pour moi, mécréante, au motif que « même » Stéphane Hessel, qui « se dit » athée (les croyants « sont » croyants, les athées « se disent » athées) parle de la joie intérieure qui anime sa carcasse de 90 ans. Chantons alléluia, de 60 à 100 ans, chantons, mes frères !

CHAPITRE XX

ÔTEZ CE JEAN

Mon livre de chevet actuel a pour héros un ancien hippie, propulsé auteur de best-sellers. L'embourgeoisé tient beaucoup à l'opinion de sa compagne. Le voici, au jardin, en train de lui lire à voix haute un passage du roman en cours, tandis qu'elle taille une haie, juchée sur une échelle, vêtue d'un blue-jean.

Le mari s'adresse donc au popotin de son épouse, point de vue qui lui arrache un cri du cœur : « Après 50 ans, une femme ne devrait plus jamais mettre de jean. » Quel macho, ce type, quand même. Ah, ils ont bien changé depuis Woodstock, ces hommes-fleurs !

J'ai pourtant lu dans *Pleine Vie* spécial automne, que les jeans portés avec une veste « sport-chic » garantissent une silhouette « à la fois jeune et élégante ». J'en ai déduit que cette toile est toujours de mise pour nous, les sexas.

Investigation faite chez Damart, j'ai compris que les jeans pour les vieilles ne sont pas de vrais jeans, mais des pantalons élastiqués avec des plis d'aisance, taillés dans un tissu qui a l'air d'être du denim.

J'en porte souvent – des vrais –, parce que ça m'évite d'user mes « beaux pantalons », ceux des circonstances habillées. Le matin, tout m'incite à enfiler un jean : balayer la cour, promener le chien, nettoyer la cave, passer l'aspirateur. Pas de mari pour commenter ma silhouette. Quant au chien, il voit tout en gris.

Cette remarque, venant d'un bon écrivain, m'a quand même tracassée. Je me plante devant mon miroir. Objectivement. Face, profil. Patatras ! Mon jean poche sous les fesses, se tortille aux genoux, godille sur les mollets, avant de s'effondrer au ras du sol. Ce snobinard a raison.

Ce n'est pas tant mon jean qui cloche que mon corps dans ce jean. Pourtant, je n'ai qu'un léger surpoids, je porte du 42, je fais du sport. Il n'empêche. La magie d'un jean porté par une jeune femme, ce pantalon mouleur de fesses, surligneur de monts de Vénus, extenseur de jambes, ne résiste pas au temps qui passe. Un impalpable « moins » dans la tonicité, la démarche, la cambrure, suffit à produire un effet démesuré : le jean ne me va plus.

Je décide d'en finir.

J'ai déjà renoncé au bikini, au topless, à la mini-jupe, aux talons aiguilles, mais sans douleur : la mode en était passée.

Le deuil du jean est une épreuve. Adieu Vespa, flirts, manières garçonnes, rock'n'roll ! J'enterre le dernier vestige de mes années yé-yé. Je jette tous mes jeans à la poubelle.

Sauf un. Celui que je porte pour balayer la cour, promener le chien, nettoyer la cave, etc.

Chapitre XXI

Portez-les roux et courts

Au marché du village, une étrange sensation m'assaille. C'est comme si tout le monde se ressemblait. Non, pas tout le monde. Les femmes plutôt. J'observe mieux. Je croise deux ménagères d'âge mûr. Elles exhibent des cheveux courts et roux. Plus je marche, plus je remarque la profusion de tignasses carotte coupées rases. C'est inouï ! À force de regarder, j'ai l'impression que TOUTES les femmes de mon âge sont vouées au roux et tondues de près.

Ce roux a plusieurs nuances. Il va du pur carotte au blond vénitien, en passant par le rouge betterave et l'orange violacé. La tonte est totale ou partielle (partie sommitale du crâne, pariétaux, nuque). Le reste est en brosse, voire ménage une frange ou une longue mèche de côté. Stupéfiant !

Certes, il y a beau temps que, dans nos campagnes, les mémés ont abandonné le chignon gris entortillé sur la nuque ou la permanente rehaussée d'une touche de Régécolor. Depuis quelques années, les cheveux mi-longs, les carrés droits ou plongeants avaient droit de cité.

Le brushing avait supplanté la permanente. Les couleurs allaient du blond doux au blond foncé. Même les brunes se mettaient au blond, oubliant parfois les sourcils et la moustache. D'où, diable, vient cette épidémie du court et roux ? Fantaisie d'un coiffeur du cru ? Le bourg compte au moins quinze salons, en concurrence féroce. Le syndicat professionnel aurait-il passé une entente secrète avec des fabricants de teinture pour écouler des invendus ? Balivernes ! Notre hebdomadaire local, féru d'investigation, aurait déjà débusqué l'arnaque. Il faut croire que les matrones aiment ça. Est-ce le souvenir des rinçages au henné de leur jeunesse ? Cette couleur agressive témoignerait-elle d'une posture féministe, cinquante ans après 1968 ? Signerait-elle l'intention suicidaire d'imiter les punkettes, spécimen féminin disparu ?

Roux par-ci, brosse par-là. Les Figaro auraient-ils berné leurs clientes, en arguant que la couleur sanguine donne un coup de jeune ?

Imposture ! Cette coiffure, disons-le tout net, est une calamité. Ce roux abrupt et cette brosse drue accusent les traits, soulignent les poches, projettent sur le visage une lueur satanique, effacent jusqu'à la plus ténue expression de tendresse. Peut-être s'agit-il d'une sorte de totem, un signe tribal ? D'après Julie, qui habite une petite ville de Corrèze, et Sylvie, un bourg du Pas-de-Calais, la situation confine à l'épidémie. À l'inverse, les Parisiennes en résidence secondaire ont fait un autre choix. Je m'en avise soudain en rencontrant ma copine Annie. Elles portent leurs cheveux blancs avec naturel, comme nombre de grandes bourgeoises de la Capitale. Ces subtilités m'échappent. J'en suis restée à un blond ni clair ni foncé, sans trop réfléchir aux conséquences sur mon image de marque.

Chapitre XXII

Soyez beaux à jamais

La mode est aux spas. Dans un dédale de salles en enfilade, ponctuées de jacuzzis et puant l'encens, allongées sur des lits de bambou ou des tatamis, les odalisques contemporaines ont le choix entre le soin décontractant aux pierres chaudes, le massage californien ou l'enfouissement sous un cataplasme de boue couleur vomi.

Ces « espaces beauté », avec leurs fontaines qui glougloutent et leur décor indo-thaïlando-marocain, où l'on quitte le lit de pétrissage ou de réchauffage pour se détendre dans de minuscules baignoires dites « piscines », se ressemblent dans le monde entier. Quel ennui ! C'est pourtant le nec plus ultra en matière de beauté, puisque même dans la petite ville où je réside en été, une boutique ainsi achalandée fait florès.

Les hommes s'y mettent aussi. Autrefois, les instituts de beauté ou de massage pour hommes étaient les cache-sexe d'officines vouées à des massages très localisés. Ce n'est plus le cas aujourd'hui. Ces messieurs s'y rendent pour éliminer le capiton, être épilés, enduits de crème rajeunissante ou délestés de leurs peaux mortes, avant de se plonger dans des vasques chaudes, tièdes ou froides, tout comme nous, les femmes (les salons de massage ancienne formule n'ayant pas disparu pour autant).

Mais je frôle le hors-sujet, car toutes les générations, la quarantaine atteinte (avant, les jeunes n'ont pas d'argent) fréquentent ces avatars des thermes romains.

Ce dont je veux vous parler à travers cet exemple, c'est la supposée obsession de la jeunesse chez les sexagénaires, laquelle atteint, dit-on, des sommets, affirmation paradoxale puisqu'ils sont supposés être tous « jeunes et beaux ». On n'est pas à une contradiction près, ce qui compte, c'est de vaguement parler d'un prétendu « air du temps » qui porterait ma génération à se rebeller, comme oncques ne fut, contre les stigmates de la vieillesse.

Certaines de mes amies, tenez, ont franchi un pas important. Outre leur assiduité aux thermes, elles ont passé le seuil d'un institut « médicalisé (« attention, mé-di-ca-li-sé », c'est du sérieux !) afin de consulter des spécialistes qui, « après une analyse psychologique approfondie », leur ont vendu très cher diverses techniques telles qu'injections, aspirations, abrasions, exhurdations et j'en passe, car la science progresse chaque minute. Quant à ces messieurs, ils ont poussé la porte du capilliculteur ou celle de la clinique esthétique, eux aussi.

Faire jeune ? Mais, pour qui, pour quoi ? Pour NOUS ! répondent en chœur les chroniqueuses des magazines féminins ainsi que les chroniqueurs des magazines pour les hommes à la page. PARCE QUE NOUS LE VOULONS BIEN ! clament en écho les écrans de télévision entre 19 h 30 et 20 heures. Cette première personne du pluriel est trompeuse. Ce n'est pas un *nous* de majesté, usage grammatical en voie d'extinction. C'est un *nous* supposé refléter le désir de quelques gogos de mon âge, désir fortement stimulé par la publicité et autres enquêtes bouclées en vitesse, inspirées avant tout par le souci de rassurer les plus jeunes que nous.

Qu'est-ce qu'on leur instille, à ces jeunes, à NOS ENFANTS, sans travail fixe, sans statut, au bord du déclassement ? Qu'ils sont victimes d'une injustice terrible, que leurs parents sont jeunes et beaux (et riches), qu'ils s'accrochent à des prébendes qui leur barrent, à eux les jeunes, l'accès au marché du travail. Pire, que leurs papas et leurs mamans vont leur coûter cher, très cher, s'ils deviennent « dépendants », car alors ils devront payer pour les cacher derrière les murs de maisons de vieux hors de prix. Discours pervers concocté pour attiser un supposé conflit de générations, alors que nos enfants nous aiment sans doute mieux que nous n'avons aimé nos parents, aveuglés par leur réussite sociale, ou présumée telle, pendant les Trente Glorieuses.

Le discours culpabilisant adressé aux jeunes générations a de quoi les perturber. Elles se demandent : comment résoudre l'opposition parents/boulets versus parents/aimés ?

Par la magie, ma foi ! Il FAUT que nous, les parents, restions jeunes, éternellement jeunes, beaux et bien portants, sexas *forever*. Comme si, à force d'exercices gymniques, de vitamines, de massages, de chirurgie esthétique et réparatrice, nous avions trouvé l'élixir de jouvence. Ne perdez pas votre jeunesse CONSERVÉE (en conserve), ne bousculez pas votre beauté, votre forme pétulante, votre sexualité intacte...

Maman, sois toujours ma belle maman, sans rides, sans graisse, sans infirmité, tu comprends, maman mon avenir en dépend, et toi, papinou, garde un ventre plat, s'il te plaît, pas de bedaine, pas de cholestérol, pas d'AVC, s'il te plaît papa, ne perds pas tes cheveux ou alors fais-toi poser des implants.

Maman, dans son maillot de bain taille 38-40 (42 maximum si elle est épanouie), se tient à jamais sur le bord de sa piscine de bourge, tout sourire, le visage lifté, avec juste quelques ridules que ses lunettes de soleil suffisent à dissimuler. Elle prend la pose pour la photo, si ce n'est au bord de sa piscine, du moins près de la minuscule pièce d'eau dans son jardinet de banlieue. Et toi, papa, tu es près d'elle, tu rentres ton ventre au moment de la prise de vue, c'est facile, tu en as si peu, du ventre, avec tout le vélo que tu fais.

Non, je me trompe, maman sera seule dans sa chaise longue au bord de la piscine, mais elle sourira quand même dans son maillot taille 44 (une performance due à Weight Watchers), on ne verra pas les cicatrices de ses trois césariennes dissimulées dans les poils pubiens, ni celle de sa prothèse de hanche, parce qu'elle aura posé avec art sa serviette de bain dessus. Quant à papa, il sera sur une plage devant des cocotiers (à moins que ce ne soit à l'Aquaboulevard de Paris) et il sourira de toutes les dents blanches de son dentier et rentrera le ventre à s'en asphyxier, posant près de sa charmante troisième épouse, âgée de 42 ans, dont il a deux bambins qui ont le même âge que les miens (sacré papa, toujours vert !) et je prendrai la photo, ouf, papa se porte sacrément bien, je n'aurai pas à lui payer sa maison de vieux.

T'en fais pas papa, t'en fais pas maman, si d'aventure vous avez un léger surpoids, il y a une option « retouche » dans la fonction « photo » de mon iPad, dix kilos de moins en un clic et je peux aussi, à volonté, enlever vos quelques rides, voilà c'est fait, la photo est là, regardez, là, sur l'écran, comme vous êtes jeunes et beaux, restez-le pour l'amour du ciel, amen.

Chapitre XXIII

Mourez bien assurés

Qu'ils sont sympas, Bernard Le Coq et Anny Duperey, les héros de la série *Une famille formidable* ! Comme nous les aimons, tous les deux, là, sur nos écrans, avec leurs petits soucis et leurs grandes joies. L'autre jour, je les retrouve à l'heure des pubs, avant le journal. Anny a l'air toute retournée.

– J'ai rêvé que tu étais mort ! dit-elle à son compagnon.

– Mais non, ma chérie, je suis bien vivant, sourit le bon Bernard. De toute façon, avec l'assurance obsèques, on est tranquilles.

Je reproduis le dialogue grosso modo, parce que j'ai eu peur, moi aussi, que Bernard nous ait quittés. Ouf ! Ce n'était qu'un cauchemar.

Les assureurs sont des coachs de première grandeur. Ils innovent chaque jour pour nous faciliter la vie et même la mort. Ils ont d'abord inventé l'assurance dépendance, pour que nous puissions nous offrir une maison de vieux ou des frais médicaux avec dépassement d'honoraires. J'apprends que l'action d'Orpea, acteur de référence dans la prise en charge de la dépendance, a bondi de 6,77 à 2 euros « pour un C.A. semestriel solide et des prévisions optimistes ».

Certains de ces philanthropes avancent masqués. Sur le site Bienvieillir.com, le bulletin d'abonnement contient une question assortie de l'astérisque qui désigne un « champ obligatoire » : « Êtes-vous déjà client Prévoir ? » Prévoir, assureur des familles et des professionnels, comme l'indique sa *base line*. La Compagnie des femmes, comme son nom ne l'indique pas clairement, a trouvé génial de segmenter le marché. « Premier courtier dédié aux femmes », elle nous permet de créer une cagnotte pour les frais d'optique ou dentaires, dont le versant féminin ne saurait nous échapper.

C'est extra, cette assurance obsèques, il suffit d'un clic pour parer à la triste circonstance à venir. Alors, je clique. Et je demande le dépliant, dans la foulée, parce que je suis vieux jeu, j'aime bien lire sur le papier.

« Il faut penser au pire pour ne plus y penser », dit le prospectus. « Personne n'aime imaginer sa propre mort. Pourtant, il suffit de quelques minutes et d'une poignée d'euros pour mettre ceux que vous aimez en sécurité en cas de décès. Nous vous proposons le contrat famille garantie décès. Il est formidable ! »

Je compose le numéro vert, afin de mieux explorer cette solution miraculeuse.

Une jeune femme me récite un court topo. Pas de questionnaire médical, capital garanti au décès. Elle me demande ma date de naissance et m'annonce, après un bref calcul, que je ne devrai verser « que » 31 euros par mois pour un enterrement comme il faut, sur une base estimée de 4 000 euros, cérémonie religieuse incluse.

– Et pour les athées ?

– Retranchez environ 200 euros.

– Mes enfants sont-ils seuls bénéficiaires ?

– Le capital est versé à vos héritiers légaux ou toute autre personne de votre choix.

– Ce montant est-il plafonné ?

– Vous avez droit à 10 000 euros et vous pouvez doubler cette somme, soit 20 000 euros, nets de droits de succession.

– Une sorte d'assurance-mort, euh, d'assurance-vie ?

– Pas vraiment, car c'est une simple garantie de capital, il n'y a pas de rente. Notez bien que l'argent sera versé sous 48 heures à vos héritiers qui bénéficieront aussi de notre assistance psychologique. En outre, si vous décédez à l'étranger, nous prenons en charge le rapatriement et sur certaines destinations, le cercueil.

– Quand même, 20 000 euros pour des obsèques…

– Vos enfants seront libres de l'utilisation de cette somme.

– Et s'ils ne s'en servent pas pour m'enterrer ?

– Ça les regarde, mais c'est fait pour ça. C'est un contrat moral entre vous et eux.

– Sur justificatifs ?

– Pas de justificatifs.

– Formidable ! Mais comment puis-je savoir ce que mes obsèques vont coûter ?

– Vous devez demander des devis à des professionnels. Nous indiquons seulement dans notre dépliant les tarifs en usage. J'ajoute que nous proposons d'aider gratuitement vos enfants, au cas où ils seraient pris de court, à analyser les devis, car ce milieu est une vraie jungle. Il faut savoir, par exemple, que les frais sont plus élevés à Paris qu'en province.

– Pour moi, ce sera province, je pense. Enfin, autant que je puisse anticiper… Et crémation, ça fait partie de mes dernières volontés.

– Fort bien. La crémation est meilleur marché que l'inhumation.

Intéressante conversation, non ? Une somme mensuelle, une « poignée d'euros », donc, afin de permettre à mes enfants de me rendre les derniers devoirs, si toutefois ils affectent le capital garanti à cette pieuse mission.

À y bien regarder, c'est surtout un moyen de donner de l'argent hors droits de succession, une sorte de niche tombale, enfin, fiscale.

Selon les termes d'un autre « produit », répondant au doux nom d'Essen'Ciel, proposé par le même assureur, il est possible de transmettre jusqu'à 75 000 euros. Chères, les obsèques ! Ici, le capital n'est versé qu'en cas d'accident, autrement dit de mort brutale, hors cause médicale. La première formule est moins avantageuse fiscalement, mais couvre aussi la mort par maladie, avec toutefois un délai de carence de deux ans. Toujours un peu casse-tête, ces assurances.

– Vous voulez dire que, si je souscris maintenant et que je meurs de maladie dans moins de deux ans, mes enfants n'auront pas le capital garanti ?

– En effet, madame. Ils seront juste remboursés du montant des cotisations que vous aurez versé jusque-là. C'est normal, car nous n'exigeons pas de questionnaire médical.

– Ah oui, c'est normal. Mais ils ne pourront donc pas m'enterrer…

– N'hésitez pas à aller sur notre site, chère madame. Je suis heureuse que cet entretien ait permis de vous éclairer. D'autres questions ?

Pas d'autre question.

Je constate qu'il y a loin de la pub aux lèvres, mais ça, c'est le propre des publicités. Je comprends surtout, clair comme un contrat rédigé en corps 8, qu'il s'agit d'une astuce de plus pour transmettre son patrimoine sans faire raquer nos pauvres enfants sans le sou, sans même les obliger à nous enterrer décemment.

C'est le monde à l'envers, cette mort dont on se débarrasse en un clic. Comme si on pouvait écarter cette « pensée » (« penser au pire pour ne plus y penser ») de cette façon, comme ça, en cinq sets. Une société qui ne regarde jamais la mort en face, sauf pour dire, avec le culot du coach financier, qu'il ne faut pas en faire un « tabou » dès lors qu'on lui confie l'affaire.

Pas taboue, la mort, lorsqu'il s'agit de nous faire une grosse frayeur avec ce Bernard le Coq qui a failli, même en rêve, passer l'arme à gauche ? Oh la grosse peur, la peur immonde que nos enfants ne soient pas « en mesure » de nous rendre les derniers honneurs ! Nous ne devrions donc même pas prétendre qu'ils posent sous notre langue l'obole pour Charon ? Il nous faudrait, sous peine de « malvieillance », retrancher une nouvelle cotisation à nos retraites (car nous sommes riches...). Et voici qu'on infantilise nos héritiers avec cette « assistance à la lecture d'un devis » et cette « assistance psychologique ». Est-ce exagérer que de parler de culot lorsque ces marchands de mort osent écrire (je cite le même dépliant) : « À partir de 30 centimes par jour, laissez un bon souvenir ! »

Cela m'évoque ce titre d'un ouvrage de Jacques Généreux : *La Dissociété*. C'est vraiment le mot : on coupe les liens entre générations, on les dissocie. Et, pire encore, sous prétexte de les préserver ! Comment peut-on, après cela, prôner un retour à je ne sais quelle « éducation au respect » ou à je ne sais quelles « valeurs » ?

(AUTO)PORTRAIT(S)

Chapitre XXIV

Incontinence

Mon chien a pissé sur une toile.

Je flânais dans un village qui aligne les galeries d'art dans ses pittoresques rues médiévales, comme dit le dépliant, lorsque l'irréparable s'est produit.

Rac est élevé à la baguette. J'en ai fait un « chien citoyen ». Je suis consciente que, dans notre monde globalisé, il faut que de l'âne au cheval, du sanglier au chasseur, de l'adepte du quad au randonneur à pied, du skieur au surfeur et donc, du chien aux artistes, chacun s'attache à vivre en harmonie.

J'ai musardé chez le sculpteur, la bijoutière, le potier, en demandant courtoisement la permission d'entrer avec mon animal, lorsque mon œil a été accroché par une toile à l'entrée d'une galerie de peinture. J'en ai oublié mon toutou, ou, si vous préférez, j'ai laissé mon toutou s'oublier.

L'artiste, vêtue d'une ample tunique berbère, accourt : « Bien sûr, je m'en doutais, j'ai été à deux doigts de vous mettre en garde. » Ses yeux bleus, assortis à l'étoffe orientale, me fixent avec le mépris qui s'impose envers une vieille dame.

La toile outragée est couverte d'un vernis. Je sors un Kleenex, j'essuie et hop, plus de pipi ! Je lance un triomphal :

« Ne vous inquiétez pas, j'ai nettoyé. » Force est à la dame d'en convenir. Je repars, ma dignité reconquise, lorsque – *boum* ! – mon pied heurte un gros galet. Déséquilibrée, je tombe. Le chien aboie. J'ai les coudes et les genoux écorchés. Les voix des passants s'élèvent, navrées : « Vous n'avez rien de grave ? Voulez-vous un verre d'eau ? Une compresse ? » La diva du pinceau, toute fureur rentrée, m'approche une chaise. La rage me dévore l'estomac. Après avoir fait figure de mémé mal élevée, me voici devenue une « pauvre mamie ». Je remercie, me relève, m'enfuis, tourne le coin de la rue. J'ai les yeux pleins de larmes. Je fouille dans mon sac. Plus de Kleenex.

C'est très sérieux, cette anecdote. Parce que je suis incontinente. Sinon, je n'aurais pas trébuché sur cette maudite pierre, ni fondu en larmes.

De ce désagrément banal, nous parlons *mezzo voce*. Certes, une marque de protections intimes a tenté de briser le tabou et d'élargir son marché, limité jusqu'ici aux jeunes femmes. Sa publicité télévisuelle nous narre une histoire suggestive où une dame d'à peu près mon âge, belle et mince, grimpe sur un chameau. Nous voyons, en contreplongée, son derrière en train de se jucher sur l'animal. Derrière mince et musclé, derrière de 60 ans bien conservé comme il se doit, mais, qui plus est, moulé dans un pantalon beige impeccable. La dame, indique la voix off, souffre pourtant d'un petit désagrément de vessie. Mais elle préserve son secret grâce à une fine serviette « absolument invisible ». Ouah ! Jamais je n'ai réussi à glisser dans mon slip une protection comme celle-là. Je dois mal les mettre.

Tout ça pour vous dire que lors d'un déjeuner familial aujourd'hui même, je me suis excusée pour me rendre dans la pièce intime, invoquant une urgence. Nous étions trois cousines et un cousin. Devant le cousin, motus et bouche cousue. Mais lorsqu'à son tour, il a demandé l'endroit, notre parole s'en est trouvée libérée. Ce fut un festival de rires.

– Moi, je me mets toujours au bout d'une rangée au cinéma.

– Je connais l'endroit exact entre Grenoble et Valence où je peux m'arrêter quand je suis en voiture.

– Pour moi, la situation la plus dramatique, c'est d'être dans un autocar de tourisme non équipé de lieu d'aisance et devoir arrêter tous les passagers.

– Eh bien, dit mon cousin revenu à table, moi non plus je n'en mène pas large, quelquefois. L'autre jour, j'emmenais une dame voir un film, une dame que je convoitais (il est célibataire) et j'ai craqué dans la file d'attente. Je me suis isolé près d'un arbre à toute vitesse, mais ça l'avait refroidie pour la soirée…

Les ruses de Sioux pour éviter le pire sont savantes. Outre celle de s'installer au bout d'une rangée au spectacle, il y a, en vrac : s'abstenir de boire vingt-quatre heures avant tout spectacle, cinéma, exposition, ou autre ; s'enquérir des lieux dès l'entrée, voire faire un repérage à l'avance ; avoir toujours sur soi un pull ou une étoffe que l'on pourra nouer sur les hanches si l'irrémédiable arrive ; porter dans son sac de quoi se changer à la première occasion, une fois le malheur arrivé ; en l'absence de commodités, fouiller le terrain du regard pour azimuter un espace entre deux voitures ou une impasse accueillante ; enfin, pour éviter un malaise fatal dû à une trop longue contention de la vessie, prévoir un arrêt d'urgence sur l'autoroute ou la route, avec une explication plausible comme « mon moteur a des ratés » ou « je frôle la panne sèche ». Mais ce prétexte suppose de rouler sur réserve, ce qui redouble le risque, en sorte que cette petite infirmité pourrait nous conduire au cimetière avant l'heure, tant nous serions pressés.

Chapitre XXV

Nos bobos

Arthrose modérée de la hanche droite, a conclu le radiologue. « Modérée », il en a de bonnes ! La douleur surgit en douce, s'infiltre dans la hanche, descend le long de la cuisse, glisse vers le genou et s'insinue jusqu'aux orteils. Elle envahit mon cerveau comme un venin. Chimie infernale !

Lorsque ma mamie me disait que ses os la faisaient souffrir, j'étais incrédule. *Souffrir,* c'était le mot pour décrire Jésus sur la croix ou les blessés de la guerre de 14. Eh bien, sans exagérer, c'est ce que je ressens au tréfonds de mes os.

Je sors malgré tout faire les courses. Les passants jouent les aveugles. Un enfant me heurte avec sa trottinette. Pas d'excuse. Dans mon dos, une paire de baskets impatiente percute l'arrière de mes chaussures. Elle me dépasse. Les talons aiguilles me regardent de haut.

J'entre chez le boulanger, clopin-clopant.

– Pour la petite dame, ce sera ?

– Deux baguettes.

– 3,60 euros.

– J'ai le compte.

Je fais l'appoint pour laisser à la vendeuse le temps de placer un mot gentil ou de m'accorder un sourire de compassion. Regard vide.

Le primeur joue à l'abruti. Il fait son addition à vitesse grand V sur sa super calculette. Il encaisse et tend un brin de persil comme une aumône. Je tente de soulever mon panier. Trop mal. Croyez-vous qu'il me donne un coup de main ? Il détourne la tête, le salaud, et sert le client suivant, tandis que la file d'attente m'observe d'un air courroucé. « Vous ne voyez donc pas que vous gênez le passage ! »

J'entre au café pour me réconforter. Je me jette comme une masse contre le bar pour ne pas perdre l'équilibre. Le serveur me jette un œil morne.

« Noisette, comme d'habitude ? »

Je m'en fiche de ta noisette, je veux seulement me poser un peu, reprendre haleine, t'as pas compris, Ducon ? Pas le cran de dire ça. Je hoche du menton, la tasse arrive, je bois, pose 3,20 euros sur le comptoir, reprends mon fardeau et marche tout doucement, en faisant halte sur un banc, jusqu'à la maison.

Après avoir clopiné deux ans et passé un été entier sans pouvoir sortir de mon jardin, j'ai opté pour la chirurgie. Ah ça, c'est positif, je l'assure, je le proclame. Je marche comme avant, je cours, je monte à cheval. Une joie sans nom, une renaissance. Je ne saurai manquer de dire un mot, toutefois, de mes compagnons du service de rééducation pour qui « ça n'a pas marché ». Trop tard, trop de poids (le surpoids, voilà l'ennemi), embolie malgré le port de bas de contention, cicatrice rebelle. C'est rare, il est vrai, pour les « hanches », comme disent les orthopédistes. Pour les « genoux », c'est monnaie courante. Certains patients en sont à leur troisième intervention, mais on n'arrête pas les progrès de la médecine, cette fois sera la bonne, espérons-le, positivez, car en chirurgie, le moral c'est 50 % de la réussite (et n'oubliez pas les dépassements d'honoraires, svp).

Chapitre XXVI

Les grands départs

À la veille des jours fériés, le journal télévisé tourne autour du pont. Du pont de Pâques, du 1er Mai, du 8 Mai, de la Pentecôte… Tous les correspondants de province sont sur le pont, prêts à nous livrer en *direct live* les affres du pont, ses joies et ses peines. Joli marronnier, superbe sujet de société.

Alerte ! le 30 est classé rouge ! Pire, le 31 est au noir ! Bison futé souffle un vent de panique de ses naseaux puissants. Le 1er, on aura un peu de répit, le clignotant se met à l'orange. Mais ça ne va pas durer, car Météo-France nous prédit un week-end infernal.

Le PC de Rosny-sous-Bois est transformé en QG de combat.

Rappel des consignes à suivre en temps de guerre : une halte toutes les deux heures, hydratez les bébés et les vieux, n'oubliez pas les chiens sur le parking (ni les enfants, ça s'est vu). Respectez les vitesses exigées, mettez les feux de brouillard en cas de besoin, vérifiez les essuie-glaces, gare à la pression des pneus !

Douillettement lovée sur mon canapé, j'entends vaguement le ramdam des préparatifs militaires. Mon regard est rivé sur les pages d'un roman dont les personnages ne connaissent que le cheval comme moyen de transport. L'intrigue court à bride abattue et emballe mon imagination.

L'insistant tapage télévisuel finit par me faire lever les yeux. Des files interminables de voitures attendent au péage de Fleury-en-Bière. Les voyageurs ont chaud. Les gosses piaillent. Rien qu'à voir les images, je sens l'odeur du gasoil et du goudron fondu.

Au premier plan, l'envoyée spéciale (stagiaire à France Bleu) insère son micro par la vitre ouverte d'une Renault Espace.

– Alors ce départ, comment le vivez-vous ?

L'homme (au volant) :

– Nous sommes partis à cinq heures, pour être au frais. Tout va bien, on est contents.

– C'est quand même un embouteillage record, non ?

– Bon, ici, au péage, il y a un peu de circulation, mais ça va se dégager. Et puis, on a la clim.

Le micro s'enfonce vers la passagère.

– Et vous, madame, que pensez-vous de ce jour classé rouge ?

– Comme dit mon mari, c'est que du bonheur.

Elle sourit, la dame. C'est pas tous les jours qu'on passe à la télé. Les enfants font un bras d'honneur à l'intervieweuse.

– Les enfants sont ravis, hein les enfants ? commente la journaliste.

Un vent léger froisse les branches du jardin. J'entame la lecture du chapitre v, page 116. La princesse soulève son voile. Le hardi guerrier découvre, horrifié, que la dame de ses pensées n'est autre que sa sœur. L'inceste sera-t-il consommé ?

Fleury-en-Bière ? Embouteillages ? Accidents ? Huit morts et quatre blessés non loin de Beaune ? Qu'ils aillent au diable, ces escargots baveux et leurs gosses mal élevés ! « Gnan, gnan, gnan, c'est que du bonheur », tu parles !

Je replonge dans mon bouquin.

Je ne fais aucun pont. Je ne suis d'aucun grand départ. Pas plus sur l'A7, qu'à la gare de Lyon à Paris, où les voyageurs se bousculent entre les faux palmiers. Je suis retraitée, tralalère, zonponpon la lire-lette !

Je jubile. Ah, les pauvres gens ! Ah les imbéciles !

Comme si j'avais oublié que moi aussi, il y a peu, j'avançais à pas de tortue dans ma Twingo, avec mes trois gosses, le chien à deux doigts de vomir, le coffre plein à craquer de bagages, la jauge d'essence sur « réserve »…

« Zut, j'ai oublié la gamelle de Rintintin ! » Et je râlais, en Maurienne, en Tarentaise, aux péages ou sur d'improbables itinéraires bis. Je faisais la queue sur les rocades, à l'embarcadère des ferry-boats, interminable queue.

Sauf que, mes amis, c'est fini, fini, archi-fini ! Je voyage les jours creux, aux tarifs creux, aux heures creuses. Il m'arrive même de payer moins cher en première classe qu'en seconde. Avec la carte senior, ce miracle est possible. Zéro pont, viaducs pulvérisés, à la casse les grands départs !

Je regarde autour de moi. Mon salon est désert. Le chien somnole. J'ai un léger frisson. Il ne se passe pas grand-chose ici, quand même.

Chapitre XXVII

La vioque en survêt'

Les jeunes femmes de mon quartier font leur jogging le samedi matin.

Moulées dans des justaucorps satinés, elles avancent d'une foulée souple et rapide. Elles portent des boîtiers qui calculent leur rythme cardiaque, les calories brûlées, leur vitesse moyenne et toute une batterie d'autres paramètres, le MP3 fixé à l'oreille. Extravagant, non ? Elles courent dans la forêt, sourdes aux chants des oiseaux. Elles écoutent Radio Nova.

Lorsque je les croise, vêtue de mon survêtement Adidas en molleton, mes baskets à trois bandes aux pieds, en faisant « tchou, tchoutchou » pour expirer, leurs yeux sécrètent une pellicule dure comme de la glace. Comme sur un minuscule écran de télévision, je lis sur la cornée : « C'est quoi, cette vioque en survêt ? Elle s'imagine qu'elle fait du sport ? Du sport ! Regardez-moi cette tenue des années quatre-vingt-dix, un vrai spécimen d'humanoïde pré-sportif. »

Je reprends ma course en grommelant contre ces petites pestes prétentieuses qui se croient sexy alors qu'elles sont juste maigrichonnes. Admettons que je sois jalouse.

Mais enfin, qu'est-ce que ça peut leur faire, me dis-je, que je porte un jogging hors d'âge et que j'aie envie de courir ? Je me creuse le citron avant de saisir l'évidence. Si j'ai croisé leurs yeux de glace, c'est parce que je les ai regardées ! Élémentaire, mon cher Watson.

« À partir d'un certain âge, tu dois marcher les yeux baissés », m'a dit un jour ma grand-mère. Dans les temps anciens, avais-je interprété.

Je comprends maintenant. Mais oui, les yeux baissés, comme les jeunes filles dans les cités où règnent les caïds ! Comme le titre du livre de Tahar Ben Jelloun ! Sauf que là, ce sont les « vieilles femmes » qui sont frappées d'interdit. Devrions-nous raser les murs, baisser les paupières et laisser le haut du pavé à ces coursières high-tech ?

Je finis mes trois tours de parc sur ce constat troublant. Si je cède sur le regard, je vais céder sur le reste. Au cinéma, je m'esclaffe quand c'est drôle, je sanglote quand c'est triste. Ma fille me donne des coups de coude. Elle murmure : « Tu t'affiches, maman. » De fil en aiguille, je raserai les murs, je deviendrai invisible. Pas question !

Ne pas baisser les yeux, c'est plus important que de lisser ses paupières au laser.

Chapitre XXVIII

Promenade dans le passé

Un matin ensoleillé, je pars me promener sur un chemin que j'affectionne depuis l'enfance. Il impressionne, vu d'en bas, car il s'enchâsse dans une haute falaise. En réalité, au terme d'une petite grimpette, le roc dissimule entre ses replis une sente confortable.

La conquête de cette forteresse en trompe-l'œil me donne le sentiment délicieux de me mettre en danger pour rire. J'avance d'un pas vif. Rac zigzague et renifle, truffe au ras du sol.

Soudain, il bondit en hurlant, le poil hérissé. Je dresse l'oreille, à la recherche d'un sanglier, d'un autre chien, d'un rongeur, d'une vipère. Rien. Je débusque le coupable : un fil de fer, camouflé dans la verdure, longe les deux côtés du sentier. J'y pose la main. Une décharge me secoue. Ainsi donc, « mon » chemin est bordé cette année d'une clôture électrique. Pas étonnant que mon chien, avec ses six kilos, ait réagi ! C'est alors que je me souviens d'avoir lu distraitement un écriteau, nouveau comme les fils, au départ du chemin : « Randonnée pour débutants : durée deux heures. Prière de ne pas quitter le sentier et de tenir les chiens en laisse ». Sentier balisé, fils électriques, laisse.

Triste conclusion : finie la promenade, ce mot symbole d'errance et de fantaisie, qui porte dans ses trois syllabes et demie la permission de quitter le sentier, de dévaler le versant, d'improviser zigzags et variantes. La randonnée, puisque tel est le terme inscrit sur le panneau, sonne comme une longue marche, en terrain difficile, demandant de l'effort et un équipement spécial en prévision d'un orage inopiné ou d'un coup de vent. Désigner ainsi une marche qui ne doit pas excéder les quatre kilomètres et les cent mètres au-dessus du niveau des mers est un abus de langage ridicule. Tout ça, je parie, pour que l'office du tourisme affiche un nombre imposant de kilomètres de « randonnée pédestre ». Ou, qui sait, pour que des seniors puissent se targuer de « faire » de la randonnée. Bon pied bon œil, pas vrai ?

La colère m'envahit. Ces fils, je veux les arracher. Ce panneau, je veux le déterrer et le casser en morceaux. « Vandalisme », se désolera le personnel chargé de l'aménagement des chemins. « Mise en danger de la faune sauvage par un chien errant », accusera le garde forestier. L'irruption de nouveaux règlements dans ma sphère la plus intime, celle de mon enfance, me met en rage.

Invoquer mes souvenirs de petite fille, lorsque le garde verbalisera, tenter de plaider que cela fait trente ans que je viens ici ? Il dira que ce n'est pas une raison (sous entendu, pas raisonnable). Il grommellera (en aparté) : « Cette vieille, elle vit dans le passé. »

En vérité, je n'ignore pas que « les chemins sont aménagés pour faire de l'espace rural une zone de coexistence harmonieuse entre tous les acteurs », comme dit M. le maire qui affectionne la novlangue technocratique. Mais, lorsqu'on s'en prend à mon lieu de prédilection, je me sens triste. Dépasserais-je cette réaction épidermique que ma colère subsisterait, car je sais aussi que ce discours obtus s'applique aux chemins qui *restent*, au *reliquat* des chemins ruraux maintenant effacés.

Je suppose qu'un homme ou une femme de 30 ans est capable de déplorer, comme moi, la déprise agricole, le bétonnage des sols, la disparition des chemins ruraux de terre et la transformation de l'espace agricole en aire de récréation étroitement réglementée. Mais il sera incapable, comme moi, à 60 ans passés, de distinguer les traces disparues. Je les vois, je sens leur texture antérieure sous le goudron ou les cultures, leur odeur après la pluie, leur poussière en plein soleil. C'est une myriade de sensations où l'espace et le temps se superposent, un épais livre d'espace-temps que je relis. Je tiens d'autant plus, *a fortiori*, aux chemins qui subsistent. Mais je ne saurais approuver qu'on les dénature par des dénominations absurdes ou qu'on les délimite par des clôtures. Cette prétendue « préservation » n'est rien qu'une mise sous cloche, une muséification, un embaumement.

Petite fille, lorsque j'entendais un « vieillard » – un homme de mon âge aujourd'hui, sans doute – qui marchait avec un bâton en guise de canne, annoncer en désignant un tas de ronces et de lierre mêlés que c'était la maison de sa grand-mère, je me demandais s'il ne ramollissait pas du cerveau, jusqu'à ce qu'il me montre, cachées sous la végétation, les trois marches du seuil et les grosses pierres de l'entrée. Je mesure donc combien il est difficile d'expliquer cet autre regard qu'on acquiert en vieillissant, à des plus jeunes. Ils pensent trop vite que nous éprouvons de la nostalgie ou que nous regrettons le bon vieux temps. Cela peut arriver. Mais on peut fort bien avoir ce don de double vue, tout en savourant pleinement le présent. Peut-être aime-t-on encore mieux la vie lorsqu'on la tresse avec les heures révolues.

Parfois, j'organise un jeu de piste dans le passé. L'itinéraire en est formé de sentiers disparus, mais visibles, grâce à l'infrarouge de la mémoire, comme l'archéologue aérien, qui voit la route romaine sous les cultures grâce à la couleur légèrement différente du sol.

Avec quelques contrebandiers de mes amis, nous prenons le chemin de « la chèvre au piquet ». Il serpentait vers le nord de la commune, bordé d'une haie garnie de poiriers sauvages, de ronces et de lilas, qui s'élargissait soudain à la hauteur d'une petite fondrière où poussait une herbe drue qu'une chèvre inamovible, attachée par une chaîne à un piquet, broutait mélancoliquement. Aujourd'hui, il a été élargi et bitumé. C'est facile d'y marcher (plus facile qu'avant) jusqu'à un certain point où la route « de dessus » bifurque, tandis que la voie sous-jacente se réduit à une sente que nous empruntons. Elle débouche dans une propriété privée. Nous y entrons en catimini, en enjambant la petite clôture qui longe le fond du jardin. Nous y glissons en silence jusqu'au ruisseau. Là, il y avait (et il y a toujours, pour qui sait voir), un gué où l'on menait boire les troupeaux. Nous traversons l'eau peu profonde et nous remontons sur le versant d'en face en longeant un champ qui mène à une allée présente dans notre seule mémoire. Ça y est, nous atteignons un nouveau chemin qui nous ramène dans notre quartier.

Ces escapades restent secrètes, car il n'est pas de bon ton de parler d'autrefois. Le bien vieillir nous enjoint de nous « projeter » vers demain, vers tout à l'heure, de subir la loi de chronomètre qui mesure la foulée, de sillonner les vastes chemins d'un avenir joyeux et inconsistant, voué au loisir, au divertissement, aux jeux débiles comme de marcher en groupe avec des bâtons de ski.

Me voici donc, après ce détour mental, plantée sur le chemin adoubé par mon cœur de 12 ans comme le lieu privilégié de mes rêveries, qui depuis n'a cessé d'être le refuge d'un temps lent, dérobé à l'agitation du monde ; pour accéder à celui-ci, maintenant que j'ai « le temps », comme ils disent autour de moi, je dois résister à une clôture électrique qui confine mes gestes en tentant de confiner mon âme. Heureusement, je suis encore agile.

Ces deux fils ne sont pas des mines antipersonnel. Cet écriteau débile, je suis libre de l'ignorer. Résolution prise, j'enjambe l'empêcheur de se promener en rond et je dévale la pente sur le derrière en criant « youpi !!! » Odeur de feuilles, frôlement d'insectes, griffures de ronces, mes 12 ans sont là, ils sont revenus ! Le chien me dépasse, fait demi-tour, remonte, langue pendante, tout content.

Une secousse au coccyx m'immobilise. J'atterris sur un sol dur, parsemé de flaques turbides. Mes oreilles éclatent sous le coup de boutoir d'un bruit d'enfer. Une forme oblongue entre dans mon champ de vision. Une moto fonce vers moi. Elle me rase, manque de me renverser et m'éclabousse.

J'ai de la boue jusqu'au nez. J'aperçois un nouveau bolide, puis d'autres, lancés à grande allure. Je me remets sur pied en tremblant pour me heurter à une pancarte : « Motocross, zone réservée, danger ».

Rac aboie comme un enragé. Et s'il cause un accident ? Animal dangereux, à la fourrière ! Je le rappelle à grand-peine. Je remonte, essoufflée et crottée. Je franchis la clôture électrique.

Que vois-je en arrivant, épuisée, sur le chemin ? Un type en VTT ! Il va voir, celui-là. Je lâche mon molosse miniature contre sa roue. Le coupable met pied à terre. « Monsieur, lui dis-je sévèrement, ici c'est un chemin réservé aux randonneurs à pied. Z'avez pas lu le panneau en bas ? »

Chapitre XXIX

Mortel printemps

Les premiers perce-neige m'émeuvent à en pleurer. Le forsythia m'éblouit, le lilas m'enivre, la glycine m'envoûte.

Cette année, pourtant, je me sens bizarre. À l'apparition des primevères, j'ai remarqué que les perce-neige n'étaient plus si drus. Leurs tiges devenaient molles dès que je les coupais.

Lorsque les primevères se sont épanouies, mon moral est remonté en flèche. Elles dressaient sur le sol encore hivernal leurs corolles bleues, jaunes, roses, violettes, à rendre fou un peintre. Une semaine plus tard, elles pendouillaient, desséchées, non loin des jonquilles et des iris qui s'ouvraient quasiment en temps réel.

Pas de doute. Pour la première année, l'ombre de la vieillesse me porte à sentir la mort au sein de l'irruption de la vie. Ce n'est pourtant pas faute d'avoir été prévenue. Les poètes, les troubadours, les conteurs de tous pays et de tout temps ont chanté les fleurs nouvelles comme l'annonce du tombeau.

« Mignonne, allons voir si la rose… » J'ai récité le poème de Ronsard, enfant, debout sur l'estrade, comme des milliers de gosses. Sans doute ai-je écrit dans mon commentaire de lecture que « la rose fanée évoque pour le poète la mort de sa bien-aimée ». Je ne pensais certes pas à *ma* mort.

Je comprends maintenant pourquoi, à ma grande déception, ma grand-mère jetait les bouquets de fleurs des champs que je lui offrais « parce qu'elles font des saletés avec ces pétales qui ne tiennent pas ». J'entends la voix de tante Justine : « Je préfère les fleurs artificielles parce qu'on n'a pas besoin de changer l'eau qui pue. » Moi non plus, je n'aime pas changer l'eau. Ça me rappelle le cimetière à la Toussaint quand j'étais enfant et que les adultes m'envoyaient vider les boîtes de Nescafé qui servaient de vases, pour les remplir à la fontaine. Je reniflais l'eau croupie avec répugnance. Ça doit sentir ça, un cadavre, me disais-je, avec un frisson de dégoût.

Nous qui sommes nés après la Guerre, que connaissons-nous de l'odeur de la mort ? Seuls ceux qui ont fait leur service militaire ou qui se sont engagés, ceux qui ont vécu des conflits et des catastrophes, connaissent l'intolérable odeur de la chair décomposée, brûlée, torturée.

Mais je vous ai menti. Je la connais cette odeur unique entre toutes. Une très semblable, en tout cas. C'était lorsque mon père, vétérinaire, me menait à l'abattoir pour l'inspection des viandes. Ah, ces allées remplies de sang, ces bêtes éventrées pendues à des crocs, et cette puanteur…

Voilà que cette année, je me souviens de ces visites dans les hangars de la mort. Quel âge avais-je ? Dix, onze ans ? Le spectacle des fleurs fanées et de l'eau ternie a réveillé ce souvenir dans mes délicates narines de dame âgée.

Cessons cette mélancolie complaisante. Soyons positifs pour une fois. Oui, la mort est dans la vie, elle est présente dès la naissance. Alors, que diable, que je me laisse aller au plaisir des fleurs, des vases et des bouquets, puisque je suis vivante.

CHAPITRE XXX

P'TITE FLEUR FANÉE

C'est une chanson de La Réunion, du temps où elle se nommait Île Bourbon.

P'tite fleur fanée

P'tite fleur aimée…

Eh oui, la rose est fanée, à 60 ans. Inutile de faire semblant. Question beauté, il me suffit de rester avenante et de ne pas avoir trop de poils au menton. Je laisse les rides venir, en me contentant de nourrir ma peau pour qu'elle ne soit pas trop parcheminée.

Pour mener à bien ce programme, je me rends dans un hammam de mon quartier, le jour des femmes, pour languir dans des piscines vertes, me faire masser sur des carreaux de céramique bleue et boire du thé sur un matelas soyeux.

Tous les mois, je vais chez l'esthéticienne. La cabine est petite et ripolinée de blanc. Simplicité de bon aloi. La patronne me confie à une de ses « charmantes petites employées ». Samantha (ou Rachida) scrute ma peau d'un œil expert et me propose un soin pour « peaux matures » à la fois « revitalisant », « hydratant » et « lissant » avec un « effet *lifting* dû aux acides de fruits ». Il est entendu que je n'ai pas d'autre choix. Va pour le pamplemousse !

Mature me fait penser à *mûre* et à *prune*. Cet adjectif fait surgir dans ma mémoire l'image des prunes rouge sombre qui poussaient au fond du jardin de mon arrière-grand-mère. Les branches du prunier penchaient sur le tas de fumier, si bien que les fruits qui ne finissaient pas dans le panier de mon aïeule tombaient sur le tas où ils pourrissaient doucement.

L'association d'idées me dérange, car même si je me regarde d'un œil objectif dans le miroir, je n'ai pas l'air d'un fruit talé. Un jour que je pariais que ce mot avait été inventé par un communicant sadique, je fus démentie par mon *Petit Larousse* :

Mature, nom féminin ; 1 – Arrivé à maturité ; Spécialt : arrivé à une certaine maturité psychologique. 2 – Se dit du poisson prêt à frayer.

N'empêche que les multinationales de la beauté auraient pu prendre la peine de traduire le mot anglais *mature*. L'Oréal trouverait-il trop dispendieux d'engager un bon traducteur ? À moins que cet anglicisme n'ait une fonction de métalangage ? N'oublions pas que la publicité est une science.

C'est très agréable, ces soins. La crème sent le lait de bébé, relevé par les agrumes. Les agiles petites mains des jeunes filles étendent les produits avec tendresse, massent avec énergie, nettoient avec tact, expulsent les points noirs sans douleur, essuient en douceur, tapotent, malaxent. Ces demoiselles, presque des enfants, me racontent leurs jeunesses inachevées, leurs petits amis, leurs vacances, leurs mariages, leurs bébés quelquefois.

Ces jeunes femmes sont exquises avec leur carnation de rose. J'ai l'impression de rajeunir rien qu'en les regardant.

Chapitre XXXI

Mythique Meetic

La voix de Suzanne au téléphone est frémissante. « J'ai passé le week-end à surfer sur Meetic. J'ai un rendez-vous jeudi. Un type vraiment bien, ces choses-là se sentent, il y a comme des ondes qui… »

Des ondes, tu parles ! Nous avons parfois l'illusion que notre libido se calme, mais les retours de flamme sont impitoyables. Il nous faudrait soudain voir un sexe en érection, là, tout de suite, en gros plan, gonflé à bloc, disposé à nous satisfaire à fond. C'est ce qui a dû arriver à mon amie.

Quand on y pense, Internet nous évite bien des folies : sorties avec rimmel et robe moulante, parfum trop capiteux, alcoolisation immodérée, trémoussements dans une discothèque, le tout pour aboutir à une étreinte que notre ivresse nous aura fait oublier le lendemain matin.

Tu as raison, Suzanne. Meetic, c'est discret, efficace, ça permet de faire connaissance en gardant la tête froide, qui plus est assises dans notre excellent fauteuil, en pyjama douillet et chaussettes de laine.

Le mieux est d'en rester là et de conclure la conversation (dite *chat*) par une masturbation à distance. Hélas !

Nous sommes restées fleur bleue. Si notre interlocuteur aime l'opéra, comme nous, le ski, comme nous, Marguerite Duras, comme nous, faire l'amour à la cuisine, comme nous, manger des acras, comme nous, la rencontre devient inévitable.

J'aurais voulu conseiller Suzanne, si heureuse d'avoir décroché un rendez-vous. J'ai tant de choses à dire ! C'est délicat tout ça. D'autant qu'intérieurement, je m'interroge sur cet acharnement à trouver un partenaire et à « entretenir une vie sexuelle ». Le sexe à 60 ans, je ne suis pas contre, mais si on en a envie. Bien entendu, ces digressions n'étaient pas de mise dans ma conversation téléphonique. Je me suis donc limitée à l'essentiel.

– Es-tu certaine qu'il est divorcé ?

– Depuis vingt ans ! me répond-elle, triomphante.

Si elle savait !

Tenez, il me revient en mémoire ce rendez-vous avec un professeur de philosophie à la Sorbonne, spécialiste de Spinoza. C'était il y a trois ans environ. J'avise, à la terrasse d'un café en face du Luxembourg, un homme laid, vêtu d'un costume gris, dont le vieux cartable de cuir craquelé trahit l'universitaire. C'est lui.

La conversation dure depuis quelques minutes, lorsqu'il ose : « Vous me faites l'effet d'une femme très sûre de son pouvoir de séduction. »

Je suis estomaquée, car je suis en train de raconter qu'après quelques années d'un mariage heureux, je ne me suis jamais remise de ma rupture.

Je sais, certes, que mes gros roploplos (95 C) induisent ce genre de remarque. Traduction en langage cru : « Dis donc, bimbo, t'es pas jeune, mais t'as de beaux restes. Y a pas à dire, la vieille, t'es baisable. »

J'ignore l'allusion. Faute de mieux, je dévie le propos sur Spinoza. Erreur fatale, qui me vaut un cours de fac à mourir d'ennui. Je profite d'une respiration dans le galimatias de l'orateur pour lui demander la cause de son divorce. Le professeur quitte soudain la posture académique. Il prend un air pénétré, ôte ses lunettes, pose les coudes sur la table, approche son visage du mien, me regarde droit dans les yeux :

– Je serai franc.

Et ce qui devait être avoué le fut.

– En fait, je ne suis pas divorcé. Ma femme ne le supporterait pas. Mais c'est une union purement formelle (formalisme tout philosophique, il va sans dire). Elle habite dans notre villa du Finistère. J'occupe notre appartement de la rue des Écoles. Je ne vais la voir que quelques jours par an. Peu de temps libre… Les conférences, les colloques, les séminaires, enfin tout le bastringue, les avions, les invitations…

Et patati et patata.

Comme j'ai déjà entendu ce discours, avec quelques variantes, je finis la dégustation de ma glace au chocolat noir, puis je plante deux bisous sur les joues du professeur et le laisse en plan, sans demander à partager l'addition. Faut pas exagérer.

Mesdames en quête d'amour, vous ne pouvez imaginer le nombre de jardinières cultivant leurs roses dans la maison de campagne à qui « on ne peut pas faire ça ».

– Ça quoi ?

– Divorcer…

– On me l'a bien fait, à moi.

Instant délicat. Le prétendant cherche ses mots, bafouille, se concentre et finit par émettre, triomphant, le vocable *reconnaissance*, dans neuf cas sur dix. Ces messieurs sont « redevables » envers bobonne pour avoir torché les mioches, fait marcher la maison et toléré leurs incartades. Ils ne peuvent faire moins que de lui manifester leur *reconnaissance*, mot talisman à l'usage des lâches. D'autant que leur épouse, déposée au loin sous cellophane, sera réactivée comme infirmière lorsque viendra le grand âge.

Ne médisons pas. J'ai deux amies sexagénaires qui ont trouvé leur compagnon sur Internet. Elles doivent avoir un truc. Je les soupçonne de mettre « catholique » à la question « religion ». Ou « protestant ». Protestant, c'est plus sûr, non ?

Chapitre XXXII

Les chiens adoucissent les mœurs

Nous sommes cinq sexagénaires à promener nos chiens l'après-midi. La conversation, au début consacrée aux toutous, passe peu à peu à des sujets plus variés. Une amitié s'esquisse.

Pour avancer dans cette direction, nous devons disposer d'une information stratégique.

Marie jette la première son coup de sonde. Alors que nous parlons cinéma, elle lance :

– Je trouve Woody Allen trop intellectuel, sauf dans ses derniers films. Alain, lui, est un vrai fan.

« Alain » est le marqueur émis par la promeneuse pour signaler qu'elle a un mari prénommé Alain. Reçu cinq sur cinq par Justine, qui agite la queue (euh, je veux dire, secoue la tête).

– Eh bien, nous, c'est le contraire ! Je suis une inconditionnelle, tandis qu'Henri fait la gueule à chacun de ses films. Du coup, nous allons dans le même cinéma, voir deux films différents.

– C'est le contrat que j'ai passé avec Jean-Luc, renchérit Geneviève.

Un ange passe. Christine se tient coite. Je me hasarde.

– En art, chacun ses goûts. C'est comme nos adorables chiens. Certains préfèrent Fido, d'autres Canaillou.

Raté. Notre petit comité compte désormais deux groupes. Trois femmes mariées et deux femmes seules. Cette polarisation met de l'électricité dans l'air. Les épouses sont à deux doigts de japper que c'est bien fait, sans doute avons-nous voulu jouer les femmes libres. Résultat : nous buvons la coupe amère de la solitude.

Mesdames les épouses, vous n'en avez pas assez de soigner vos goutteux, ai-je envie d'aboyer. *Après avoir été cocufiées toute votre vie, si ça se trouve !*

Nos chiens, reniflant la tension ambiante, se mettent à tourner, à s'agacer, à pousser de petits grognements. L'orage approche. Nous marchons en silence dans le ciel lourd.

Le croirez-vous ? Le vent tourne d'un coup. Un quelque chose nous prévient d'éviter la bagarre.

Que s'est-il passé ? Je me dis que la ténacité des Penelope est désuète, mais ne manque pas de panache. Je ne sais pas ce qui lui passe par la tête, mais Christine, ma foi, a l'air serein. Et les épouses ? Elles s'avisent peut-être qu'à raison d'une promenade d'une heure par jour, Christine et moi avons peu de chances de séduire leurs maris. Se disent-elles que nous avons nos petites habitudes de femmes seules ? Qui peut nous faire grief de rencontrer un amant discret ?

Je conjecture, mais le résultat est là : comme de vieux canidés qui dédaignent les provocations, nous décidons tacitement de délaisser le petit jeu des insinuations perfides. Ne sommes-nous pas cinq femmes âgées qui ont vogué de-ci, de-là, à la recherche d'un équilibre précaire entre amour et passion, aventure et routine ?

Nous repartons à petits pas à travers le parc, en papotant comme de vraies copines, nos toutous sur les talons.

Chapitre XXXIII

La grasse matinée

J'ouvre l'œil vers huit heures du matin. J'écoute voluptueusement la cavalcade des collégiens sous ma fenêtre. À trois rues de là, le « clic clac » des chaussures, qui se pressent pour ne pas manquer le train, se rapproche de la maison, puis décroît.

Je descends prendre mon petit déjeuner à la cuisine et retourne bien vite me glisser entre les draps.

Grincements de poussettes, pleurs de bébés, rires, grondements de poubelles. La matinée s'engage.

Rester au fond du lit à écouter le quartier en éveil, pressé, grondeur, racleur, est une musique plus suave que la plus exquise symphonie.

Calée contre les oreillers, je lis. Je prends un bain de mots. Je me parfume dans la mousse des mots. Par intervalles, j'ouvre un carnet et je gribouille. Des projets d'écriture, un terme inconnu, la trace d'un rêve, le profil d'un personnage auquel je donnerai peut-être vie. Pendant des minutes entières, je délaisse la lecture et le carnet. Je ne pense à rien. Je ne regarde rien. Moments vides. Mes rideaux blancs tamisent la lumière.

Inutile de passer un coup de fil de bonne heure. Les gens sont dans les « transports », perchés sur un tabouret de cafétéria, dans les ascenseurs, aux toilettes, dans les couloirs des bureaux. Lorsque j'estime *grosso modo* qu'ils ont lu leurs mails et se sont mis au travail, je pose le livre. Le truc, c'est de les coincer avant « la réunion ». Un seul moyen : la télépathie. Elle fonctionne plutôt bien. C'est que j'en ai, de l'expérience !

Mon lit se transforme en « bureau » pour paresseux. Mac, téléphone, livres, papiers, Post-it, journaux en pagaille sur la couette, je « travaille ». C'est beaucoup dire… Quelques vestiges de mon ancien métier, conservés par superstition, des rendez-vous à noter, des papotages par e-mail. Avec nonchalance. Nul besoin de se précipiter.

« Tu vieilliras mal, si tu traînes au lit ! » Jamais ma conscience ne m'adresse ce reproche. Je me sens dans mon plein droit après tant d'années où je me suis forcée à me lever tôt : pour réviser les leçons, bûcher les concours, déposer les enfants à l'école, aller au bureau, finir un rapport, boucler un article. Presque un demi-siècle ! Suffit. Mes grasses matinées sont un enchantement quotidien. Ce n'est que vers midi, un peu moins, un peu plus, que je pose un orteil par terre.

Je reprends alors pour un temps mes habitudes de vie « disciplinée ».

Fenêtre ouverte, je me livre à un dérouillage musculaire, fais mon lit, me lave, m'habille. C'est le moment de promener mon chien. Je croise une voisine, retraitée, qui me salue.

« Bonjour, ça va Madeleine, en forme ? Moi, je suis moulue ! J'ai aspiré les tapis, enchaîné deux lessives et éclusé ma pile de repassage. J'ai un de ces mal aux lombaires ! Je vais chez le kiné, tu sais celui qui a remplacé le… blablablablabla. »

Quelle rabat-joie, celle-là ! Si j'avais su, je serais restée une heure de plus sous la couette, rien que pour ne pas avoir à subir son bavardage de lève-tôt. Ou ses mensonges, qui sait ?

Chapitre XXXIV

Mes sherpas

Mes enfants de 26 et 31 ans ont proposé de m'accompagner en promenade. C'est gentil de venir musarder, pour me faire plaisir, sur un petit chemin de campagne plutôt que de se livrer à quelque escalade plus sportive.

« Ne vous en faites pas, je connais le parcours, ai-je affirmé. J'ai mes repères. Après la mairie, un raidillon, puis un réservoir et un âne au piquet, et c'est tout droit. »

Derrière la mairie, après le raidillon, pas plus de puits que d'âne. L'herbe a sans doute caché le puits. Et l'âne ? Eh bien, l'âne est mort. Ça vit combien d'années, un âne ? En tout cas, il y a un chemin. Nous avançons.

Très vite, le sentier se transforme en terrain crevassé, plein de caillasses. Nous regardons nos pieds. Silence. Soudain, tracé sur une pierre, un trait de peinture noire me saute aux yeux. Tel un signe satanique, le noir balise les chemins « pour marcheurs très aguerris ».

Je me suis complètement trompée d'itinéraire. Mes enfants rient sous cape. Une « noire » ! ça va être super. Ils s'avisent du même coup que leur mère sexagénaire va en baver. Avec tact, mon fils se met devant et ma fille derrière.

Deux fringants chevaux de race encadrant une vieille ânesse, tel est le spectacle que donne notre caravane.

Nous abordons une zone garnie de pierres plates et coupantes qui glissent sous les pieds comme des serpents, tandis que se dessine, droit devant, une terrifiante falaise. Ma hanche délabrée (c'était avant la pose de ma prothèse) me lance des décharges fulgurantes. Je fixe les chaussures de mon fils pour continuer à avancer.

Inflexible, le soleil monte. Mes chaussettes sont trempées, la sueur glisse le long de mon dos, imbibe mes sous-vêtements. Le calvaire dure deux heures. Puis les pierres disparaissent. Le chemin forme de grands lacets. La forêt devient épaisse. Elle offre quelques plages d'ombre. Alors seulement, les jeunes gens m'accordent une pause. Ils me servent de l'eau, mais juste un peu. « Trop boire donne soif. » « Défense de s'asseoir, ça coupe les jambes. » Je m'accote à un tronc. Dix minutes et c'est reparti !

Une heure plus tard, nous débouchons sur un alpage balayé par un vent du diable. D'ici, nous dominons la falaise. En dessous, une brume de chaleur fige le paysage qui porte au-delà du Rhône, brillant comme du verre et s'ouvre, de l'autre côté, sur les monts du Vercors. Le vent, la perspective, l'altitude, me grisent. Je m'affale dans l'herbe.

« Pique-nique », annoncent mes sherpas. Mais pas question d'ingurgiter ce que j'avais préparé ! De mon généreux repas froid, les jeunes gens extraient trois Vache qui rit, trois tranches de pain et trois biscuits. Il faut manger léger pour attaquer la descente. Je mendie une sieste. Ils me concèdent : « Dix minutes, pas plus. » Le temps de renifler l'herbe, de contempler deux sauterelles, de mâchouiller un brin d'avoine, et le gong sonne.

Nous attaquons la descente. Dans les lacets, je m'essaie à trottiner. Woouf, je glisse. Craaac, je déchire mon bermuda sur toute la longueur de la couture arrière, déclenchant un triple fou rire.

De retour au pierrier, finie la rigolade. J'ai peur. Oui, peur de déraper, de me tordre le pied, de me couper en tombant. Je lance des « ouille », des « aïe », des « ouh là là » et des « attendez-moi ! » J'avance en crabe avec mon bermuda fendu. Triste posture !

Quand nous regagnons le passage crevassé, je supplie mes enfants de prendre les devants et de venir me chercher en voiture. « Pas question ! rétorquent-ils. Si tu es arrivée jusque-là, ce n'est pas un kilomètre de plus qui va te tuer. »

Ainsi m'épargnent-ils l'humiliation de l'abandon. Revigorée, au moment de reprendre l'auto, je mets un point d'honneur à me mettre au volant.

Quelle plénitude ! Quelle victoire ! Une voix intérieure me chuchote : « C'est peut-être la dernière fois que je fais une randonnée pareille. » Cette pensée ne me cause aucun chagrin.

Chapitre XXXVI

Un week-end en Bretagne

Saint-Brieuc. Sur le panneau bleu de la gare, je lis ce nom qui joue du biniou. Pchuuuu… La porte du TGV coulisse. Je suis enlacée par l'air doux, iodé et humide. Je loue une voiture, direction Paimpol. Les champs clos de haies, les maisons basses, les ajoncs… Soudain, la falaise et la mer. Plus que trois kilomètres.

Voici le portail blanc, les hortensias, les murs de granit, les petites fenêtres. Bernard est mon aîné, mais nous ne sentons guère la différence. Pour lui, 1939. Pour moi, 1945. La Guerre nous sépare. Partout, dans la vie, nous avons trimballé nos six ans d'écart. Même école primaire à Montélimar, même lycée, mêmes études à Lyon, même « montée à Paris », même métier. Nos familles se fréquentaient. Ses copains avaient des petits frères et des petites sœurs de mon âge.

Bernard est un joyeux luron doublé d'un indigné. C'est un anarchiste écolo, un pur, un polémiste, un pamphlétaire. Je fus une militante appliquée, puis une journaliste sérieuse. On ne peut pas faire plus différents. Pourtant, il y a entre nous un quelque chose de fraternel, sans doute à cause de ces vies qui se suivent. J'aime venir chez lui. On parle, on lit, on écoute du jazz, on s'engueule. Des copains débarquent. On rit, on dénigre, on picole. On mange, on s'embrasse, on s'engueule : « vieil anarchiste », « salaud de trotskyste », « indécrottable stalinien »… C'est la fête !

Quand j'éteins mon moteur, ce 8 mars 2012, il vient à la barrière. Il sourit largement dans sa barbe grise. Il porte son éternel pantalon de velours. Dessus, je remarque une robe de chambre. Il a maigri. Il me dit :

« Entre, tu veux boire quelque chose ? »

Il sort le calva. Il enchaîne sur la liste des festivités :

« Marie-Ange viendra dîner avec Paulo et Marc, tu connais Marc ? Il y aura aussi Petit Jean, mais je n'en suis pas sûr, enfin bon, on verra. »

Comme d'habitude, on verra.

« Alors, si tu veux boire, sers-toi, parce que moi, je ne bois plus que du vin. Enfin, c'est interdit, mais j'en bois. (*Rire.*) Rentre ta valise. Et ton chien, il est là ton chien ? »

Bien sûr qu'il est là, mon chien, déjà à flairer ceux de Bernard, à tourner autour et eux de même.

Bernard fait sa grosse voix :

« Brel, Gainsbourg, ici ! »

L'ordre se perd dans un râle. La robe de chambre s'entrouvre. Il est si décharné que son pantalon lui tombe sur les hanches. J'aperçois la poche.

« Foutue poche ! s'exclame-t-il. L'infirmière vient la changer tout à l'heure. »

Il a l'air épuisé. Je fais sortir les chiens.

– Alors, Bernard, tu t'en sors de cette chimio ?

– Bah, plus ou moins. Ils ont trouvé des métastases au foie. Ils pensent que j'en ai aux os. Mais ce n'est pas sûr. Faut attendre les radios. Tiens, tu me donnes mes lunettes ? (Il s'empare du *Télégramme de Brest.*) Lis un peu ça ! « Notre équipe senior gagne la coupe des Côtes-d'Armor ». Tu vois, c'est daté d'il y a cinq mois. Juste après ta dernière visite. Tu te rends compte, j'ai remporté la coupe senior de tennis, j'étais en pleine forme. Aucun signe avant-coureur. J'avais fait le test hémocult', il était négatif. Né-ga-tif ! J'ai compris quand j'ai saigné. Ils m'ont opéré du cul, moi le plus homophobe des journalistes français. Raté. Ils m'ont opéré une deuxième fois, puis la radio, puis cette saleté de chimio.

– Allons, ce truc des os, c'est pas sûr. Ils veulent juste vérifier. À cause des procès et tout ça. On guérit plus de 50 % des cancers, aujourd'hui.

– Tu causes comme mon frère, le toubib. Il pronostique : « Tu t'en sortiras. » Un excellent praticien, mon frangin. (*Sourire.*) C'est ces séances à l'hôpital qui m'épuisent.

Il me montre sa pompe à morphine.

– Heureusement que j'ai ça.

La porte s'ébranle. Les copains arrivent. On ouvre les bouteilles. On boit. On rit. On crie. On s'insulte. On s'amuse. Les femmes font la cuisine. Comme d'habitude.

À minuit, l'assistance est ivre de mots et de vins. Bernard s'est assoupi dans son fauteuil. Il ronfle, comme toujours.

Le lendemain, quand je me lève, il est toujours assis. Je fais sortir les chiens. Je reviens. Je vais à la cuisine préparer le café.

Il ouvre un œil.

– Pas trop fort, le café !

– Oui, je sais. Tu es resté dans le fauteuil toute la nuit ?

– Non ! Je suis allé me coucher, mais je ne peux pas dormir. J'ai trop mal. Alors, je me suis mis ici. Puis je suis retourné au lit. Enfin, je fais la navette. (*Sourire.*)

Il presse la télécommande. Le foot. Comme d'habitude. Des heures à regarder le foot. Mais Bernard ne regarde pas. Il sommeille.

Soudain, je l'entends hurler parce que Manchester United a marqué. Il crie « bien joué ! », il bourre sa pipe. Je vais chercher le café. Quand je reviens avec le plateau, il dort. Sa tête a roulé en avant, la pipe est tombée sur le carrelage.

Je suis partie le 12 mars. Il m'a dit, avec son bon rire :

« Sois prudente sur la route. »

Comme d'habitude. Le 23 mai, il nous a quittés.

Au cimetière de Montélimar :

« C'était trop dur. Il valait mieux qu'il parte. »

En aparté, les bien-pensants, venus à son enterrement parce qu'il est d'une famille honorablement connue, murmurent :

« Avec la vie qu'il a menée… »

Eh oui, à peine dans le trou, il en est pour dire que c'est sa faute, tout ça. Il buvait sec, fumait trop, baisait plus que de raison. Les mots comme *luxure* et *fornication* n'ont plus cours. Ils se médicalisent. Dans la logique du bien vieillir, on parlera de mauvaise hygiène de vie.

Une qui a eu une hygiène de vie sans faille, c'est Agnès. Agnès est une miraculée. Pas de son cancer, dont elle vient de mourir à juste 60 ans. De sa rupture d'anévrisme. À 25 ans, enceinte, comme ça, un jour ordinaire, dans la cuisine. Coma. On ne la débranche pas, car le fœtus, lui, continue à vivre. L'enfant, un garçon, naît sous césarienne. La famille, très croyante, interdit qu'on mette fin à la vie de la jeune femme après la naissance de son fils. Miracle de la foi, au bout de deux ans, Agnès-Belle au bois dormant, revient à elle. Peu de séquelles. Une légère atonie des muscles à droite, la voix un peu rauque à cause de la trachéotomie.

Agnès est graphiste et dessinatrice de presse. Elle reprend son travail. Elle peint, elle expose. Et là, à 58 ans, *boum*, cancer. Du sein d'abord, comme souvent, puis ailleurs.

Agnès fait une chimio. Elle énonce en souriant que c'est commode parce que le centre d'oncologie est sur sa ligne de métro. Agnès maigrit, elle n'a plus de cheveux. Avec ses chapeaux et ses vêtements amples, elle a une allure folle. Agnès a la classe.

Pour Noël, comme elle sait que je suis seule, elle m'invite. Son fils, le compagnon de son fils, quelques amis journalistes. Foie gras, coq au riesling, champagne. Pour chacun, un dessin de sa main. Deux mois plus tard, je téléphone. Personne. J'appelle son fils. Elle a dû se résoudre à aller à l'hôpital, en soins palliatifs. Deux mois, pas plus. On a dispersé ses cendres sur le carré des anonymes au Père-Lachaise, selon sa volonté.

Histoires personnelles ? Oui, très. N'oubliez pas, en les lisant, qu'Agnès et Bernard font partie des 33 % de « morts prématurées » qui fauchent les vies avant 60 ans. Ceux dont le cancer se déclare après cette limite sont des surnuméraires de la statistique. Curieuse expression, non, le cancer « se déclare » ? On dirait un acteur qui s'avance sur le devant de la scène pour proclamer : « Je déclare le festival ouvert. »

J'ai échappé pour le moment à la déclarative annonce. Il en est de même pour ma cousine Marine, l'infirmière. Elle, son cancer du sein est guéri. Preuve que les chiffres disent vrai. Deux cancers du sein sur trois s'achèvent sur un *happy end.* Marine a « triomphé » de son cancer, comme titrent les journaux, après une « lutte » où son « moral » a joué un « grand rôle ». C'est un sacré boulot que de lutter contre un cancer, un travail à plein temps. Du coup, Marine a pris un congé maladie. Lorsqu'elle a été presque guérie, mais qu'il fallait encore surveiller une possible récidive, elle a repris le travail en mi-temps thérapeutique. Tout le monde était content, Marine, les collègues, les chefs à l'hosto. Bravo, Marine ! Lorsque la guérison fut complète, elle a demandé un temps plein. Ce n'est pas facile de vivre avec un demi-salaire. Les chefs :

« Si près de la retraite ? Partez donc en préretraite, ce serait plus sage, vous risquez de vous surmener. »

Et d'insister. Beaucoup. Marine a tenu bon. Il a bien fallu appliquer la loi.

C'est là que l'ambiance a changé. À plein temps, ma cousine de 59 ans, affaiblie par la lutte contre son cancer guéri, n'était pas assez productive. Les collègues :

« Ton courage, certes, force l'admiration, mais en attendant, nous, on se farcit du boulot à ta place. »

Vous comprenez mieux maintenant pourquoi ma cousine n'a pas fait de pot.

Mais le temps passe et je n'ai toujours pas de cancer. Plus les années vont, moins j'en cours le risque, vu qu'ils débutent en majorité avant 60 ans et vont décroissant ensuite. C'est chic, quand j'aurai 100 ans, le danger sera proche de zéro. Pourquoi est-ce que je chicane et pinaille, c'est une bonne nouvelle, non ?

Chapitre XXXV

Tournez manèges !

Ah, les fêtes foraines, leur clinquant, leur mauvais goût, les voix mâles dans les micros qui grésillent, les churros, les rampes de néon, le sol poussiéreux, la musique discordante, les barbes à papa…

C'est pour les jeunes, ces fêtes-là, il faut que ça brille, que ça clignote, que ça en mette plein les oreilles.

« Allez, jeunesse, allez, il ne reste que deux minutes pour le grand saut, le grand frisson, le tour complet à 360° ! Embarquez jeunesse, allez, mademoiselle, montez, allez, n'hésitez pas ! Vous voulez des sensations ? Vous voulez de la vitesse ? Alors, prenez place sur le super grand huit, triple boucle, rotation avant et arrière, unique en Europe, pour cinq euros seulement ! »

Je tends cinq euros, je prends un ticket, je m'assieds dans une rangée de quatre, j'enlève mes lunettes.

Ricanement des voisins :

« Grand-mère, tu ferais mieux de descendre avant que ça commence ! Tu vas nous faire un AVC, mémé. »

Coups de coude des jeunes devant et derrière. Ils se retournent, pouffent. J'entends :

« Non, mais j'hallucine, t'as vu ça ? Elle veut se suicider, ou quoi ? »

Un lascar abaisse les arceaux d'acier qui me bloquent au fond du fauteuil. Impossible de me rétracter ! Plus moyen de hurler : « Alerte, je veux descendre ! » L'irréversibilité attise le plaisir.

Le manège se met en route. Son mouvement est si lent que j'ai l'impression que le sommeil me gagne. Je regarde la place glisser au ralenti, je vois défiler les autres manèges, je lève la tête. Les arbres tournent sans se presser, le ciel s'arrondit.

Je me laisse bercer par ce doux roulis. Ah, si l'on pouvait recevoir la mort ainsi ! Je détecte une légère accélération, la place tourne plus vite, les couleurs se fondent. Une secousse m'avertit que nous avons quitté la plate-forme, je monte, je monte, je frôle les feuilles des platanes, je vois la place en bas. À peine ai-je pris ce repère que je suis secouée, balancée d'avant en arrière et d'arrière en avant, déportée sur la gauche et sur la droite. Des profondeurs, parvient, assourdie, la voix de l'homme au micro.

« Alors, ça va, la jeunesse ? » De toute part, on crie, je crie « OUIIIIIIIIIII ! »

« Vous en voulez plus ? – OUIIIIIIIII ! »

Des jeunes gens ferment les yeux, des walkyries poussent des cris de guerre.

« Attention ! dit la voix caverneuse, maintenant, on fait le tour complet. Vous êtes prêts, jeunesse ? – OUIIIIIIIIIIIII ! »

C'est parti ! Chaque rangée se met à rouler sur elle-même. Ça crie, ça tangue et ça roule, j'ai la tête en bas, j'entrevois la foule indistincte, je n'y tiens plus, je vais fermer les yeux… Mais déjà le mouvement se fait plus lent. Les visages reprennent leur place. Je respire.

L'homme au micro interroge d'une voix aguicheuse :

« Vous en voulez encore ? Vous en voulez plus ? »

Un « OUIIIIIIIIIIIIIIIII » se propage, le micro enchaîne.

« Alors, on remet ça, encore un petit tour dans les étoiles, on y va ! »

Tout s'accélère, tout se fond de nouveau, le deuxième tour me semble pénible, je ferme les yeux, j'attends que ça ralentisse. Ouf ! Le mécanisme faiblit, les secousses diminuent, puis le manège s'immobilise, même s'il me semble que mon corps vole encore. Le gros lascar me libère de mes arceaux. Les jeunes se lèvent, étourdis, déséquilibrés, enlacés, rieurs et fiers. J'ai les jambes en coton. Je marche en vacillant vers l'escalier de sortie.

Les spectateurs me regardent comme une extraterrestre. Ils ont raison. Je reviens d'une autre planète. Le jour où je n'aurai plus envie de faire un tour de manège, je serai vraiment vieille.

Conclusion

Avant la fin...

Vous l'aurez deviné : je ne vais pas y aller de mes cinq préceptes ou de mes dix règles de vie.

Ne croyez pas que je souffre d'une fixation obsessionnelle sur certains auteurs, consultants DRH recyclés en humanitude.

Ce qui m'irrite, c'est que leur comptabilité, outre qu'elle témoigne d'une certaine étroitesse d'esprit et décline des conseils d'une niaiserie à pleurer de rire, est – précisément – une comptabilité, à savoir un mode de gestion de la ressource humaine qui étalonne tout, mesure tout, passe tout à la moulinette de la performance.

Nos coachs nous apprennent ni plus ni moins à « gérer notre capital vieillesse ». Le Plan national Bien vieillir parle de « capital intellectuel, physique, social et psychique ». Ceci pour le global, lequel se subdivise à l'infini, en autant de segments (de marché). Une marque de desserts lactés nous invite à préserver notre « capital osseux ». Il en va de même du capital cardiaque, hépatique, veineux, sanguin, musculaire, neurologique et ainsi de suite, *ad infinitum.*

Les champs lexicaux de la valeur et de l'épargne sont déclinés sous toutes leurs formes. Une de nos coachs, Isabelle le Bouëtté, définit ainsi sa doctrine : « Vivre mieux avec soi-même permet de vieillir en meilleure santé et d'apporter aux autres la valeur ajoutée qui nous correspond. » Le magazine *Bien-être et Santé*, mis à disposition gratuitement dans les pharmacies, embraie : « Adopter un mode de vie bon pour l'organisme après 50 ans et même 70 ans [délicieux, ce "même"...], c'est encore rentable. »

Certes, pour être journaliste, je sais que mes confrères et d'autres personnes soucieuses d'éclairer leurs propos sont, à juste titre, à la recherche de comparaisons afin d'éviter les termes passe-partout et les répétitions. Nous ne pouvons toujours employer les adjectifs *bienfaisant, bon* ou *sage*. Sauf que, comme le fait remarquer la revue du CAIRN (qui réunit sous sa bannière diverses publications de sciences humaines) dans son numéro de 2003 : « Les mots ne sont pas neutres. Ils traduisent et construisent les processus sociaux. »

Bien des sociologues, y compris après que Marx et Engels sont passés de mode, ont écrit des ouvrages pour dire que la vieillesse est une construction sociale. En témoigne l'ambivalence de cette étape de la vie dans nombre de civilisations et au sein même de celles-ci. Le « vieux », qui commence, selon les cas, à des âges divers – dont le nôtre – est tantôt le sage que la collectivité consulte, le vénérable vieillard, voire une divinité (ou le Dieu unique) à barbe blanche, tantôt une forme flétrie, frêle, impure et puante.

Dans la mythologie grecque, la vieillesse a été envoyée aux hommes par Zeus pour les punir d'avoir ouvert la boîte de Pandore, en gros pour n'avoir pas pu s'empêcher de céder à la curiosité.

En russe, *starik* désigne le vieillard en général (plutôt neutre), *starets* le vieillard respectable, *staritchok* le vieillard décrépit. Les exemples sont légion et parfois cocasses. Dans *Œdipe à Colone*, Sophocle se lamente sur la vieillesse, alors qu'il a écrit cette tragédie à 88 ans !

De leur côté, les anthropologues ont publié des monographies sur des sociétés où la vieillesse comme phase distincte de la vie n'existe pas. Ainsi, les Indiens Cuevas de Colombie ne distinguent que trois catégories : les hommes, les femmes et les enfants. Dans cette population nomade amérindienne, les vieux participent selon leurs forces à la vie commune, sans aucune séparation d'avec les jeunes, hommes ou femmes.

Bel argument en faveur de la suppression de tout régime de retraite, non ? Ce serait, certes, faire preuve de passéisme que de nous affecter au tressage de paniers, au nom de telle ou telle société rurale ou clanique (dont le capitalisme moderne traque les ultimes expressions pour ne pas faire obstacle à la libre circulation des marchandises dans le monde global). Mais vendre des MacDo dans un drive-in assis sur un tabouret dans une guérite n'est-il pas en passe de devenir furieusement tendance ?

Les leçons du passé sont chose délicate. Elles devraient toutefois nous conduire à ne pas tenir le discours schizophrène postmoderne lequel, comme vous le savez peut-être, ne prévoit que deux issues à notre crise de civilisation. Je parle ici des pays développés, car ailleurs – mondialisation ou non – les humains ont, pour la majorité d'entre eux, d'autres urgences (ajoutons que, malgré l'aliénation générale, il est des terriens, y compris à Paris intra-muros, que l'âpreté du quotidien incite à penser à autre chose).

La première issue postule que, vers 60 ans, âge approximatif de la retraite, se produit une césure qui permet de tout reprendre à zéro, un « nouvel âge » pendant lequel nous, les jeunes seniors, beaux, riches et en pleine forme, allons reconstruire nos vies, notre culture, nos amours, remodeler nos désirs, réaliser nos rêves, les petits désagréments de santé étant considérés comme mineurs et très faciles à surmonter (et la question du grand âge « réglée » grâce à une assurance dépendance couplée à une assurance obsèques).

La seconde perspective est d'un catastrophisme radical. Elle concède que nous sommes beaux, riches… mais que cet état de fait est très précaire. Historiquement, nous serions la dernière génération à « jouir » de « bonnes retraites ». Nos enfants vont se paupériser, se déclasser. Ils devront travailler bien plus longtemps que nous, voire ne jamais recevoir de pension. Ce seront des clochards aux cheveux gris. Nous pouvons juste limiter la casse en ne pesant pas sur eux (assurances dépendance et obsèques, comme dans l'hypothèse 1) et en les aidant (entraide familiale, donations).

Que l'Histoire ne soit pas linéaire, qu'elle connaisse des ruptures ou que l'Humanité soit capable d'inventer des solutions inédites sont des hypothèses à classer au rang des utopies et des illusions perdues. Depuis la chute du Mur, c'est une certitude aussi irréfragable que la plus dure des roches métamorphiques. Forcément, un événement qui date d'un quart de siècle…

Précaire, pour nous aussi. On nous dit : OK, pour le moment tout va bien, vous êtes retraités, en forme, etc. Mais gare ! Attention ! (*Ici, entrée en scène des coachs et consultants*). Il va falloir préserver ce capital et le gérer adroitement. Ce qui signifie : marche quotidienne, baise hebdomadaire, fin de la cigarette, un verre de vin par jour (pour le cœur et l'union des Vignerons), voyages dans le monde entier et tourisme sexuel si affinités, vie associative, mots croisés et tout ce que je vous ai décrit à foison et par le menu.

Le maître mot, redisons-le dans ce dernier chapitre, est pré-ven-tion ! N'oubliez pas d'« investir » dans la maison de plain-pied, dans la salle de bains avec baignoire ouvrante et jets d'eau tonifiants, les plombs à mettre sous les tapis persans, le monte-escalier qui ressemble à une cuvette dans un lieu d'aisance (je donne ces détails, parce que je m'avise ne pas avoir consacré un chapitre, mérité pourtant, à l'équipement de la maison du sexagénaire), sans oublier les « griffeurs » de terre au jardin qui évitent de se baisser et mille inventions du concours Lépine à l'usage des sexas.

Si vous avez sauté les paragraphes qui précèdent, les jugeant un tantinet répétitifs, ce n'est pas grave, car vous voyez où je veux en venir.

À ceci, lu sous la plume de Michel Billé et Didier Martz, dans leur excellent ouvrage *La Tyrannie du bien vieillir* : « Si bien vieillir devient le projet personnel et politique auquel nul ne saurait déroger, vieillir mal devient une erreur, presque un délit vis-à-vis de soi-même et vis-à-vis de ceux qui auront à en assumer les conséquences [...] Cette expression, anodine en apparence, prend alors le statut d'une "idole" au sens nietzschéen du terme. Elle s'instille si nous n'y prenons garde, comme par effraction dans nos consciences. »

Mais que faire, me demandez-vous, à TRÈS juste titre, alors que vos trois enfants et dix petits-enfants débarquent dans votre maison de campagne dont la piscine vient de virer au vert sous l'effet de la chaleur ?

Je réponds. Ne rien faire. Vous êtes déçus ? Je comprends. En l'espèce, laissez-les se débrouiller. Ou donnez-leur le numéro de téléphone du pisciniste que vous payez avec l'argent de votre riche papa en maison de vieux.

De façon plus sérieuse, négligez les conseils qu'on vous prodigue. Tout au plus, feuilletez distraitement les chroniques de nos coachs dans les revues et magazines et écrémez pour retenir, si besoin est, la frêle pellicule qui vous sera utile.

Par ne rien faire, j'entends aussi ne rien vous imposer qui serait dicté au nom de la vie nouvelle qui vous serait octroyée. On n'efface pas le tableau noir pour y inscrire, à 60 ans, un texte neuf. Certes, le passage à la retraite induit une césure. Une autre étape nous attend autour de cet anniversaire, bien que l'on s'ingénie à nous persuader que non, si bien qu'il nous faudrait admettre à la fois que tout recommence, mais que nous n'avons pas changé.

Ne rien faire, c'est aussi vivre sans « faire », donc sans « agir ». Nous avons la chance d'échapper à l'action, au sens du travail salarié, des performances et autres contrats d'objectifs. Profitons-en ! Ne nous encombrons pas maintenant d'un « projet de vie » en douze étapes ! Laissons, au contraire, la paresse nous envahir, la bonne paresse, l'inactivité féconde. Faisons la grasse matinée ou levons-nous tôt, couchons-nous avec les poules ou avec les noctambules… ou… vous m'avez comprise.

Il n'y a pas à se sentir fautif de cette inaction et de cette paresse. Nous ne devons pas nous sentir « coupables » vis-à-vis de notre descendance (si nous en avons). Nos fils et nos filles ont eu leur enfance marquée par les tribulations de la génération 68. La nôtre, par celle de nos parents, fils de la Guerre et des Trente Glorieuses qui se sont dressés, comme la statue du Commandeur, pour nous intimer que leur héroïsme était unique.

Prenons un peu de champ. Voyons les jeunes de cette planète, les jeunes tunisiens, afghans, turcs, palestiniens, syriens… Voyons ceux de notre temps, au Chili, en Argentine, en ex-URSS qui ont perdu la vie ou la raison pour des causes dont on dit avec condescendance qu'elles étaient perdues d'avance, sinon suspectes. Regardons ceux qui atteignent les 40 ou 50 ans, les Croates, Serbes, Kosovars qui ont vécu l'enfance et l'adolescence pendant le dernier conflit balkanique, toutes ces strates d'une mince pelure d'orange historique récente, et cessons de pleurnicher sur nos gosses !

Ils inventeront leur futur, ils inventent déjà leur présent. Nous n'avons pas à construire notre soixantaine par rapport à nos enfants, c'est le monde à l'envers.

Alors quoi ? Rien d'autre. Juste cette si belle citation glanée pour vous en écrivant cet ouvrage : « Vivre c'est vieillir et vieillir c'est vivre. »

Mais, peut-être que ?

Peut-être que, demain, je vais monter sur un escabeau pour attraper des confitures et me casser la hanche droite et que, comme j'ai déjà une prothèse à gauche, je vais faire aménager un plan incliné entre la cuisine et la salle à manger qui me coûtera si cher que je souscrirai, pour la suite des travaux, une assurance dépendance ?

Peut-être que, cet hiver, je m'habillerai pour aller au théâtre et que je me trouverai la mine si blafarde et la peau si crevassée que je prendrai dès le lendemain rendez-vous dans une clinique esthétique pour une expertise complète de ce qui me reste de capital beauté ?

Peut-être qu'ayant ouvert l'invitation (print) suivant l'annonce (web) du bal populaire du Parti socialiste and Associates à la mairie du 19ᵉ, j'aurai bu deux verres de scotch, enfilé une mini-jupe et me serai collée, ivre, à un danseur de quelque 70 ans, de type maghrébin, encore vert ?

Je suis un frêle roseau pensant…

Ne cherchez pas pour autant, dans cet aveu de faiblesse, chers lecteurs, l'expression d'un quelconque relativisme culturel ni une concession au tout permis ou au « jouissez sans entraves ».

Non. Je me targue d'avoir une « colonne vertébrale », des principes, des convictions. Je ne pense pas que tout égale tout ni que toutes les opinions se valent, mais j'ai conscience de mes limites. Je souhaite simplement vous aider à envisager ou plutôt envisager avec vous, comment nous, les sexagénaires, pourrions rester libres, comme nous avons souhaité (ou pensé) l'être à 20 ans. Comme je voudrais quitter cette vie et comme j'en fais le vœu pour vous.

Bibliographie

Livres

Allard (Michel), *Le Grand Défi : tous centenaires et en bonne santé*, Paris, Olivier Orban, 1991.

Badou (Gérard), *Les Nouveaux Vieux*, Paris, Le Pré aux clercs, 1985.

Beauvoir (Simone de), *La Vieillesse*, Paris, Gallimard, « collections Idées », tomes I et II, 1985.

Billé (Michel), *La Chance de vieillir*, essai de gérontologie sociale, Paris, L'Harmattan, 2004.

Billé (Michel) et Martz (Didier), *La Tyrannie du Bien vieillir*, Lormont, Le Bord de l'Eau Éditions, 2010.

Bonvalet (Catherine) et Ogg (Jim), *Les Baby-boomers : une génération mobile*, La Tour-d'Aigues, éditions INED/L'Aube, 2009.

Bourdelais (Patrice), *L'Âge de la vieillesse, histoire du vieillissement de la population*, Paris, Odile Jacob, 1993.

Bois (Jean-Pierre), *Les Vieux : de Montaigne aux premières retraites*, Paris, Fayard, 1989.

Cicéron, *De senectute*, Paris, Éditions Arlea, 1990.

Derkenne (Françoise), *Le Temps de la bienvieillance*, Médialogues, 1987.

Dubois-Dumée (Jean-Pierre), *Vieillir sans devenir vieux*, Paris, Desclée de Brouwer, 1991.

Dytchwald (Ken) et Cicurel (Michel), *Age Wave*, Los Angeles, Jeremy P. Tarcher, 1989.

Franck (Michel), *Planète sexe, tourismes sexuels, marchandisation et déshumanisation des corps*, Paris, Homnisphères, 2006.
– *Voyage au bout du sexe, trafics et tourismes sexuels en Asie et ailleurs*, Laval, Presses de l'université de Laval (Québec), 2007.

Généreux (Jacques), *La Dissociété*, Paris, Éditions du Seuil, 2006.

Guitton (Jean-Pierre), *Naissance du vieillard. Essai sur l'histoire des rapports entre les vieillards et la société en France*, Paris, Aubier, 1988.

Gossard (Renate) et Huguenin (Jacques), *La Révolte des vieilles*, Paris, L'Harmattan, 2003.

Levet (Maximilienne) et Pelletier (Chantal), *Papy Boom*, Paris, Grasset, 1988.

Minois (Georges), *Histoire de la vieillesse de l'Antiquité à la Renaissance*, Lyon, Decitre, 1994.

Muffang (Sophie), *La Retraite ? Pas si simple ! Comment passer le cap*, Paris, Ellipses, 2010.

Puijalon (Bernadette) et Trincaz (Jacqueline), *Le Droit de vieillir*, Paris, Fayard, 2000.

Pascal (Blaise), *Pensées*, Paris, Gallimard, 2004.

Rigaud (Jacques), *Le Bénéfice de l'âge*, Paris, Grasset, 1994.

Rivière (Carole-Anne) et Brugière (Amandine), *Bien vieillir grâce au numérique*, Limoges, FYP Éditions, 2010.

Sansot (Pierre), *Du bon usage de la lenteur*, Paris, Payot, 1988.

Sénèque, *De la brièveté de la vie*, Paris, Garnier-Flammarion, 2005.

Schuster-Cordone (Caroline), *Le Crépuscule des corps. Images de la vieillesse féminine*, Fribourg, In-Folio, 2009.

Treguer (Jean-Paul), *Le Senior marketing*, Paris, Dunod, 1994.

Vinot (Pierre), *Déjà la retraite et je ne suis même pas prêt(e) ! Petit traité pour réussir sa retraite*, Bruxelles, André Versaille Éditions, 2011.

Articles

Arcand (Bernard), *La Construction culturelle de la vieillesse. Anthropologie et société*, n° 3, vol. VI, Québec, département d'anthropologie de l'université de Laval, 1982.

Chapuis-Lucciani (Nicole), *L'Anthropologie biologique : une approche holistique pour étudier le vieillissement humain. L'anthropologie du vivant, objets et méthodes*, 2010.

CAIRN Info : « Vieillesse et exclusion sociale », numéro thématique de *Pensée Plurielle*, n° 6, Boeck Université, 2003.

« La vieillesse et l'amour du monde », *Esprit*, n° 366, 2010.

Fortunato et Drusini, « Étude sur les vieux dans la tribu Quechua au Pérou », *Journal of Cross-cultural Gerontology*, n° 20, 2005.

GAMOTTI (Dr), « État de santé », GHPS (Groupe histoire, philosophie, sciences), 2006.

Gérontologie et société, n° 138, septembre 2011. Numéro thématique sur le logement des personnes âgées.

Plan national Bien vieillir 2007-2009, publications du haut conseil de la Santé publique.

« Les relations intergénérationnelles », *Politiques sociales et familiales,* n° 105, septembre 2011.

VALLIN et MESLÉ, « Peut-on gagner trois mois indéfiniment ? », *Population et Sociétés,* n° 473, décembre 2010.

ZUNIGA, « La gérontologie et le sens du temps », *Revue internationale d'action communautaire,* nos 23/63.

Sites

– agevillage.com
– bienvieillir.com
– doctissimo.com
– generactions.com
– passeportsante.com
– seniorboulevard.com
– senioragency.com

et bien d'autres…

TABLE DES MATIÈRES

(Auto)portrait(s)